経営戦略の
フレームワークがわかる

現場ですぐに使える **50** のフレームワーク

Framework
Corporate Strategy

井口嘉則・井原久光・日沖健 共著

はじめに

経営戦略の時代

　グローバル化、ＩＴ革命、新興国の台頭、地球環境問題など、企業を取り巻く経営環境が複雑化・流動化し、非連続な変化が押し寄せている。それにともない、企業の将来の発展の方向性を示す経営戦略の役割が重要になっている。

　アジア経済危機で 1998 年に苦境に陥ったサムソンなど韓国企業が短期間で復活し、今日では日本の電機メーカーを圧倒しているように、変化をとらえた適切な経営戦略によって飛躍的に発展する企業がある。一方、ナショナルフラッグとして戦後長く国家の庇護を受けてきた日本航空が 2010 年に破綻したように、不適切な経営戦略あるいは経営戦略の欠如によって、伝統ある大企業でも簡単に行き詰まってしまうことがある。

　現代は、経営戦略の時代である。

本書のねらい

　本書は、経営戦略のフレームワークのコンセプトを紹介するビジネス書である。経営者・事業部門責任者・企画部門スタッフなど企業勤務の方、あるいはそれらを目指す大学生・社会人の学習者を読者に想定し、彼らが経営戦略を立案・実行する上で、あるいは経営戦略について学習する上で役立つ 50 の代表的なフレームワークのコンセプトを紹介するものである。

　経営戦略に関しては、すでに多数のビジネス書が刊行されている。こうした中で本書を世に問うのは、企業の実務家が経営戦略を立案・実行する場面で使える実践的・標準的な書籍はあまり存在しないという認識による。コンサルタントや研究者が自ら編み出した新しい理論・手法を提唱したり、経営戦略の理論的な背景・内容を詳述した基本書は珍しくない。しかし、実務家が経営戦略策定の現場で広く活用できるオーソドックスな書籍に

は、なかなかお目にかからない。

　本書は、経営戦略を立案・実行する現場で「使う」ことに重点を置いた記述になっている。項目ごとに、フレームワークのコンセプトの内容を解説したのち、実務で活用する上でのポイントを示している。さらに、現実のビジネスでどのように活用されているかを事例の紹介を交えて解説している。

　本書を執筆した井口嘉則、井原久光、日沖健の3名は、民間企業での経営戦略の実務と学問的研究の両方に精通した専門家である。理論だけ、実践だけに偏りがちだった類書と違って、「理論と実践の融合」を実現できたものと自負している。

本書の構成と活用方法

　構成は、まず第1章で経営戦略と戦略策定プロセスの概論を示している。第2章から第6章までは、概ね戦略策定のプロセスに沿って、経営環境分析、成長戦略、競争戦略、マーケティング戦略、組織管理・資源展開の順にコンセプト、フレームワークを紹介している。そして最後に第7章では、戦略策定プロセスで多用される分析・体系化の技法を紹介する。

　本書の読み方・使い方は、読者の皆さんの判断に委ねる。ただし、最初から最後まで順序立てて読み込むよりも、戦略立案・実行の実務で迷った時、困った時に、関連する項目を辞書のように目を通すような使い方をどちらかというとお勧めしたい。本書は、50のフレームワークのコンセプトを2・4・6ページの見開きで、それぞれが独立した内容になっており、どの項目からお読みいただいても、理解し、活用できるような構成になっている。

横文字を超えて

　研究者など専門家からは、「横文字のフレームワークを断片的に知るだけでは意味がない。経営戦略の全体像・考え方を知ることがまず大切だ」という批判があるかもしれない。たしかに、大きな全体像を知り、それと関連付けてフレームワークのコンセプトを理解・活用するのが理想である。

　しかし、逆に、すべてのことを知らないと使えないようでは、実務の世界ではあまりに窮屈すぎるのではないだろうか。

　私事で恐縮だが、23年前に私が社会人になって取引先の与信管理業務を担当した際、先輩から「取引先をSWOT分析すると、状況が掴めて便利だよ」とアドバイスを受けた。実際に見よう見まねで使ってみると、なるほど便利だった。SWOT分析をきっかけに私は経営戦略に興味をもつようになり、かなり後になって経営戦略の全体像を知ることになった。経営コンサルタントとして私は、この順番で経営戦略とお付き合いするようになったのが、自然でよかったと思っている。

　本書を手にされた読者の皆さんが、フレームワークのコンセプトを駆使して適切な経営戦略を立案・実行し、企業を発展に導くことを期待したい。さらに、フレームワークのコンセプトを知ることをきっかけに、経営戦略に対しより深い関心をもっていただければ、著者として幸いである。

2011年6月　日沖　健
執筆者を代表して

経営戦略のフレームワークがわかる
―― 現場ですぐに使える50のフレームワーク ――

目次

はじめに

第1章 経営戦略の基本と戦略策定プロセス ——— 1

- 1 成長戦略と競争戦略………2
- 2 企業戦略と事業戦略………4
- 3 理想に至る2つの経路………6
- 4 戦略策定プロセス………10
- 5 ビジョン・ストーリー………14

第2章 経営環境分析 ——— 19

- 6 PEST分析………20
- 7 3C分析………24
- 8 製品ライフサイクル………28
- 9 ファイブフォース分析………32
- 10 アドバンテージ・マトリックス………36
- 11 製品アーキテクチャ………38
- 12 パラダイム………42
- 13 イノベーションのジレンマ………46
- 14 7S………50

第3章 成長戦略 ——— 53

- 15 物理的定義と機能的定義………54
- 16 3要素によるドメイン定義………58

17　製品・市場マトリックス………62
　　18　多角化の成長ベクトル………66
　　19　ＰＰＭ………68
　　20　Ｍ＆Ａ………72
　　21　撤退戦略と撤退障壁………76
　　22　国際化の発展段階………80

第4章　競争戦略　——————————— 85

　　23　3つの基本競争戦略………86
　　24　地位別競争戦略………90
　　25　ポジショニングマップ………94
　　26　ブルー・オーシャン戦略………98
　　27　ビジネスモデル………102
　　28　バリュー・チェーン………106
　　29　バリューネット………　110
　　30　先行優位性………112
　　31　ＱＣＤ………114

第5章　マーケティング戦略　——————————— 117

　　32　マーケティング・ミックス………118
　　33　イノベーター理論………122
　　34　商品概念………126
　　35　3つの基本価格戦略………130
　　36　新商品の価格決定………132
　　37　プロモーション・ミックス………134

38　ＡＩＤＭＡ………138
　　　39　チャネルの幅と長さ………140

第6章　組織管理と資源展開 ——————— 145

　　　40　シナジー………146
　　　41　ＶＲＩＯ………150
　　　42　ＳＥＣＩモデル………154
　　　43　マネジリアル・グリッド………　158
　　　44　コンフリクトの解消………162
　　　45　バランススコアカード………164

第7章　分析と体系化の技法 ——————— 169

　　　46　ＳＷＯＴ分析………170
　　　47　Ｗｈｙツリー………176
　　　48　Ｈｏｗツリー………178
　　　49　デシジョンツリー………180
　　　50　ＭＥＣＥ………182

参考文献………184

さくいん………186

第 1 章

経営戦略の基本と戦略策定プロセス

　流動的な経営環境の中で活動する現代の企業にとって、企業の将来の方向性を示す経営戦略が重要になっている。革新的・差別的な経営戦略を策定・実行できるかどうかが、企業の盛衰を左右する。
　第1章では、本書の冒頭にあたって、経営戦略の基本的な考え方・概要を確認したのち、経営戦略を策定するプロセスについて紹介する。

1 成長戦略と競争戦略

　企業が環境変化に対応して存続・発展するためには、経営戦略が重要になる。経営戦略とは、企業を運営する上での長期的・包括的な方針・計画であり、短期的・局所的な施策である戦術とは区分される。

　経営戦略は、大きく**成長戦略**と**競争戦略**に分けることができる。成長戦略とは、企業全体としての成長を目指す戦略である。どのような事業領域に注力することによって企業は成長するか、という事業の取捨選択・組み合わせ・重点化の判断が主な内容である。

　一方、競争戦略は、個々の事業単位の競争優位を目指す戦略である。競合他社に対してどのように競争優位を構築し、維持するかという施策が主な内容である。

　大まかに整理すると、戦う土俵を決めるのが成長戦略、決められた土俵の中でいかに戦うかが競争戦略ということになる。

　経営戦略を立案・実行する際には、2つの基本的な留意点がある。第一に、成長戦略と競争戦略をバランスよく検討することである。同じ業界内で長く事業を続けている場合や競合他社と激しい競争をしている場合など、つい目先の競合をいかに叩くか、という近視眼的な競争戦略に注力しがちである。しかし、そうではなく、長期的な視点をもって成長戦略も検討すべきであろう。

　日本で携帯電話が誕生した80年代から90年代後半まで、NTTドコモは60%以上のシェアを誇り、盤石の状態だった。ところが、2000年代に入ると徐々に事業規制が緩和され、競争的な環境になってきた。2004年からは、携帯電話番号を変更せずにキャリアを変更できるナンバー・ポータビリティが導入され、市場が飽和に近づいたこともあって、KDDIやボーダフォン（現・ソフトバンク）との競争がクローズアップされるようになった。

この変化に対応し、ドコモは低価格化への対応を進めるとともに、決済など非通話の収入を増やす戦略をとった。しかし、予想通り競争は激化し、今日に至るまでシェアは長期低落傾向にある。

　もちろん、競争条件の変化に対応することは大切だが、それだけで十分だったであろうか。トップシェアのドコモがさらに成長するためには、新しい市場に進出する必要がある。2000年代は、アジアをはじめグローバル市場が開花した時期でもあり、グローバル化対応など成長戦略を同時に進めるべきであったであろう。

　第二に、成長戦略から、競争戦略、さらに組織・資源・オペレーションへと検討を進めることである。成長戦略と競争戦略が違った方向を向いているようではいけないし、戦略と組織・資源・オペレーション、これらが連携し、首尾一貫していることも重要である。

　なお、全社的な事業の組み合わせや重点領域を決めるのは経営トップの役割なので、成長戦略はトップが担う企業戦略と関連が深い。一方、個々の事業の優位性を構築・維持するのは事業責任者の役割なので、競争戦略は事業責任者が担う事業戦略と大いに関連するのである（→「2．企業戦略と事業戦略」p.4 参照）。

■■■成長戦略と競争戦略■■■

企業戦略	どのような事業によって成長するか？（ドメインの決定など）	⇒	成長戦略
↓			
事業戦略	決められた事業領域でいかに競争に勝つか？（競争優位の確立など）	⇒	競争戦略

2 企業戦略と事業戦略

企業グループの中には複数事業を抱えたり、子会社として個々の法人で事業を運営したり、海外事業会社を抱える例が多く存在する。そうした企業グループでは、グループ全体の戦略と事業ごとの戦略の両方が必要になる。前者が**企業戦略**であり、後者が**事業戦略**である。

企業戦略として重要なのはグループとしての事業の方向性であり、どの分野を重点に事業展開を行っていくか、どの地域を強化するか、である。このためグループとして、ヒト・モノ・カネの経営資源の配分が重要となる。全体を100%とした場合、何割を新規事業やM&Aに割り当てるか、残りの何割を既存事業に割り当てるかを大きな方針として打ち出さなければならない。設定している経営ビジョンに対してカネなどのリソースが不足すれば、それを財務戦略で補わなければならない。経営資源の配分はカネだけではなく、グループとしての人事戦略など、ヒトや技術・ノウハウ面なども重要である。

これに対して、個々の事業でどのように競合に打ち勝っていくか、成功を収めていくか、その戦略を練り上げるのが事業戦略である。実際にキャッシュを生み出すのは個々の事業であるから、いくら企業戦略がよくても個々の事業でキャッシュを生み出せなければ、企業戦略は実現できないことになる。

企業においては、企業戦略と事業戦略の両方が車の両輪のようにうまく連動するように組み立てていくことが重要になる。

▌キリングループのケース

具体的な事例をキリングループで見てみよう。キリンは、かつては社名がキリンビールであったようにビール事業が主力であったが、ワインのメルシャン、医薬の協和発酵、豪州のアルコール飲料メーカ

一のライオンネイサン社を次々と傘下に収め、アルコール飲料分野を拡大するだけでなく、乳業や医薬品まで事業領域を広げるとともに、アジア・大洋州での拠点を強化している。そして、キリン本体は純粋持ち株会社に移行し、従来からあるキリンビールやキリンビバレッジを一つの事業会社とすることで、グループ経営体制を強化した。

　グループの企業戦略としては、グループの売上シナジーおよびコストシナジーの創出、お客様価値につながらないムリ・ムラ・ムダを省くリーン経営の実現、多様性・国際性・経営力のある組織作りに向けた卓越した技術力と顧客関係力の構築などを掲げている。

　これに対し、事業戦略としては、キリンビールでは、中核カテゴリーにおける市場リーダー地位の獲得・強化、メルシャンにおいては事業の選択と集中の更なる推進、豪州のライオンネイサンについては、プレミアムシフト達成などを事業戦略に掲げている。

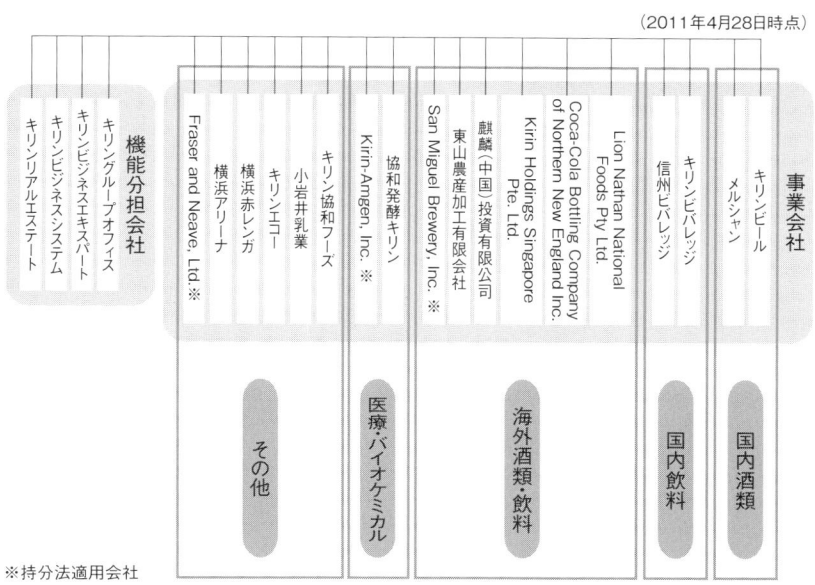

出典：キリンホールディングスのホームページ

3 理想に至る2つの経路

概要

経営戦略には、大きく「**外部環境の魅力重視**」と「**組織能力重視**」の2つの考え方がある。

企業にとって理想は、魅力的な外部環境の中で自社の組織的な競争力を生かせる事業を展開している状態である。つまり、下図のように縦軸に外部環境の魅力度合い、横軸に自社内部の競争力を取ると、右上が理想の位置である。

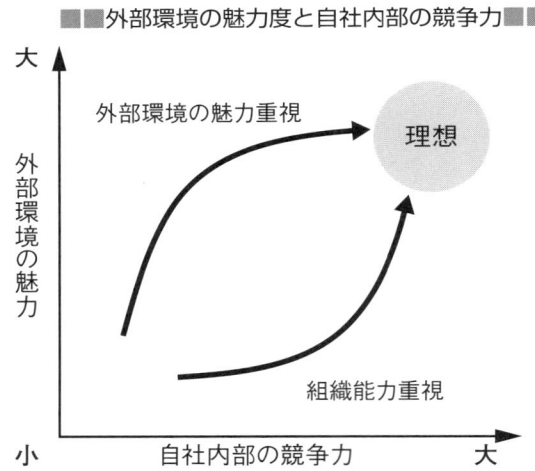

■■外部環境の魅力度と自社内部の競争力■■

戦略立案において理想に至る経路は分かれる。

「外部環境の魅力重視」の立場は、まず魅力的な事業環境の中で事業を行うことを重視する。SWOT（→「46．SWOT分析」p.170参照）の中では、外部のOpportunity（機会）とThreat（脅威）を分析し、機会が大きく、脅威の小さい市場・業界に参入する。需要が伸びている、競合が少ない、という状態が好ましい。そして、魅力的なポジションに入ったら、その中で徐々に自社内部の競争力を構築し、最終的に右上の理想に到達するのである。

一方、「組織能力重視」は、自社内部の強み（Strength）と弱み（Weakness）を分析し、強みを伸ばし、弱みを克服する。販売力・生産力・ブランドなどを磨き上げ、絶対的な強みを作っていく。その上で、強みを生かせる機会へと事業を展開し、最終的に理想に到達する。

学問の世界でも、実務の世界でも、経営戦略はこの2つの考え方に大別できる。経営戦略の代表的な学派を見ると、ポーター（Poter, Michael E.）らのポジショニング学派は「外部環境の魅力重視」、バーニー（Barney, Jay B.）らのRBV（Resource-based View：資源ベースの企業観、→「41. VRIO」p.150参照）は、「組織能力重視」である。2大学派の対立は、まず外部の環境に着目するか、まず内部の能力に着目するか、という違いである。

▌アメリカ企業は「外部環境の魅力重視」

実務の世界でも、日本と米国では、この2つのアプローチの違いを確認できる。

米国では、「外部環境の魅力重視」の企業が多い。マイクロソフトは、ビル・ゲイツがハーバード大学在学中の1975年に創業したベンチャー企業である。世界的な企業に飛躍したきっかけは、1981年にIBMがPCを開発した際に、OS（オペレーティングソフト）の供給者に選定されたことであった。当時有力なOSをもっていなかったマイクロソフトは、シアトルコンピュータプロダクツ（SCP）社からOSの権利を購入し、それを改良してDOSをIBMに納入した。やがてIBM・PCのクローンが普及すると、マイクロソフトのDOSが業界標準になり、今日の独占的地位につながっている。

つまり、マイクロソフトは、特段の技術的な強みをもっていたわけではなく、絶好の機会をとらえることによって成功した。SCP社への支払額がわずか75,000ドルだったことなどから、今日でも「うまく立ち回った」同社への批判もあった。

ただ、ゲイツは、「これからはコンピュータの時代だ、コンピュータの

中でもソフトの時代だ、ソフトの中でもオペレーティングソフトの時代だ」と理解していたから、他社に先駆けてよいポジショニングが取れたのであって、やはり彼の戦略的発想と行動力は特筆すべきであろう。

▊日本企業は「組織能力重視」

一方、日本企業は「組織能力重視」の傾向が強い。

トヨタは、日本国内市場を対象に、低燃費・高耐久性・低価格の自動車を製造していた。戦後、金融引き締めの影響で経営危機に陥った苦い経験から、金を使わず、従業員の能力を最大限に活用し、在庫をもたない、効率的なトヨタ式生産方式を確立し、モノづくりの能力を磨き上げた。

長くトヨタは日本市場が中心で、グローバル展開、特に最大市場だった米国の開拓では、ダットサンの日産やアキュラのホンダに遅れをとっていた。そのトヨタがグローバルなプレイヤーに変身したのは、1970年代の2度にわたるオイルショックによって、米国市場でも燃費のよい日本の小型車に注目が集まってからである。

環境対応車での近年の成功でも見られるように、トヨタの成功は、まず絶対的な組織の能力を構築し、それを市場に展開する、「組織能力重視」のアプローチの典型例だといえる。

▊「外部環境の魅力重視」で勝つには？

学界では、どちらのアプローチが有効なのか論争されているが、決着していない。実務では、どちらの立場をとるにせよ、それぞれの成功のためのポイントを理解することが大切である。

「外部環境の魅力重視」の場合、魅力的な事業機会を把握し、他社に先駆けて参入する事業のスピードが重要になる。多くの産業では、先行優位性が働くからである（→「30. 先行優位性」p.112参照）。

ただし、魅力的な事業機会には他社も殺到するので、一番乗りをするだけで成功が保証されるわけではない。マイクロソフトの事例を見る通り、しっかりした独占的なビジネスモデルを作ることが大切である。また、特許の取得や**デファクトスタンダード**（事実上の標準）の構築など、後続の

❸ 理想に至る2つの経路

参入者に対し参入障壁を構築することも考えたい。

▰「組織能力重視」で勝つためには？

「外部環境の魅力重視」では、短期間で成否がはっきりする。それに対し、組織として能力を構築するには時間がかかるので、強みを中心に事業展開する「組織能力重視」は、短期間で明確に成否が決するわけではない。

日本企業は、長期的に組織能力を磨くことには長けているが、機会をとらえる機動的な動きが足りない。また、日本企業・日本人はまじめなので、いったん目標が定まると、顧客の要望を忘れてひたすら能力開発に励む。その結果、薄型テレビの薄さ競争、デジタルカメラの画素競争に見るように、顧客が望まない過剰品質になり、高コスト体質になる。結果として近年、品質はそこそこでも圧倒的に低コストの新興国企業にローエンド市場を奪われる製品が目立つようになっている。こうした問題を克服し、優れた能力をいかに収益に結びつけるかが、「組織能力重視」で成功するカギになる。

経営者によっては、「外部環境の魅力重視」と「組織能力重視」の両方を取ろうと志向するかもしれない。ただし、必要とされる能力や時間軸が大きく異なるので、どちらのアプローチでいくかを明確にするべきであろう。

4 戦略策定プロセス

経営戦略は、一定のプロセスにしたがって策定する。経営戦略の策定は、業種・経営状況や目指すところの違いによってまちまちであるが、大まかには次のようなプロセスに沿う。

① 経営環境分析

外部のマクロ環境（PEST）・ミクロ環境（Customer, Competitor）を分析し、機会と脅威を認識する。また、自社内部（Company）の環境を分析し、強みと弱みを確認する（→「6．PEST分析」p.20、「7．3C分析」p.24、「46．SWOT分析」p.170参照）。

② 経営目標・ビジョンの設定

経営環境分析に基づき、自社のあるべき姿、顧客や社会に対してどう貢献するか、目指す数値目標などを設定、あるいは再確認する。

③ 戦略案の構築

経営資源と機会・脅威の適合を勘案して成長戦略・競争戦略の代替案を構築し、評価・選択する。

④ 実行計画の立案

戦略を実行するために必要となる経営資源・組織・オペレーションを明らかにして、短期・中期の実行計画を策定する。また、部門ごとの計画にブレイクダウンし、全社で共有する。

なお、①と②のどちらから始めるべきかという問題がある。既存事業について、経営目標・ビジョンを大きく見直す必要がない場合など、まず②から始めて、①に進むやり方もある。

❹ 戦略策定プロセス

　実際の戦略策定では、一方通行の作業ではなく、行ったり来たりする。プロセスは柔軟に考えておくとよいだろう。

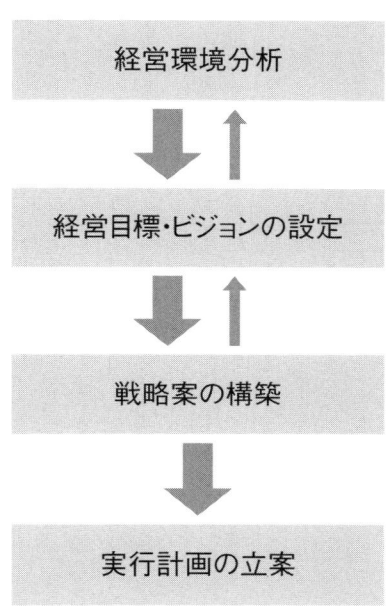

■■戦略策定プロセス■■

経営環境分析
　↓↑
経営目標・ビジョンの設定
　↓↑
戦略案の構築
　↓
実行計画の立案

活用のポイント　経営戦略というと、トップや企画部門スタッフといった戦略立案者の独創的・天才的なひらめきがモノをいうとイメージをしがちである。また、ミドルや一般従業員の突出した行動、失敗・偶然などから、新たな戦略が生まれることがある。それは**創発型戦略**という考え方である。

　しかし、経営戦略では個人の独創性や偶然性に頼る前に、何のために経営戦略を立案するのか、なぜその戦略が有効なのか、というロジックが重要になる。筋道の立った、納得感のある戦略を立案するためには、また、戦略にともなうリスクを低減するためには、基本プロセスに沿って段階的に検討するべきである。

▎ブラザー工業のケース

　ブラザー工業は、1980年代に主力事業のミシンが市場成熟化と円高で落ち込み、もう一つの主力事業のタイプライターも、ワープロの普及やコンピュータのワープロソフト搭載で先細りが鮮明になっていた。この危機的な状況に対応し、1990年に社長に就任した安井義博は、経営改革に着手した。

　安井社長は、まず「二十一世紀委員会」を発足させ、30代・40代・50代の社員に、それぞれブラザー工業の将来像について考えてもらうことにした。30代のグループが出した構想を中心に、ミシンメーカーから脱皮する「21世紀のビジョン」を構想し、2002年に情報通信機器事業に経営資源を集中していく戦略を採用した。

　ブラザー工業は、1987年に新規事業としてすでに情報通信事業を始めていたが、進捗は芳しくなく、同社の伝統的なモノづくりの能力を活かせる領域ではなかった。しかし、80年代後半から情報化の波が押し寄せつつあり、安井社長は、今後は情報と通信の一体化が加速するという洞察をもっていた。

　戦略を決定すると、早速安井社長は、不採算事業の撤退に着手した。同時に「Q-Up30」プロジェクトを発足させ、全社で効率改善運動を開始した。プロジェクトの意図を社長自らが直接社員に説明して、現場との危機意識を共有した。

　こうして今日では、売上高約5,000億円の6割以上をプリンター・複合機・電子文具など、情報通信機器事業が占めるまでになっている。

　ミシンメーカーを取り巻く経営環境は厳しい。ブラザー工業は、いち早く戦略を転換したことによって、発展を続けている。

▎戦略策定の留意点

　ブラザー工業の事例に見るように、戦略策定はプロセスに沿って進む。その過程の中で、以下の3点に留意するとよいだろう。

　第一に、戦略策定のそもそもの目標を問うことである。最初は革新的な戦略を作ろうと意気込んでいても、経営環境を分析し自社の経営資源を勘

案しながら検討を進めていくうちに、現状に影響されて、現状とあまり変わらない平凡な戦略になってしまうことが多い。革新的な経営戦略を策定するには、どのような企業を目指すのか、という"そもそも"を問うことである。

　第二に、ゼロベースで幅広く経営環境を分析する。経営戦略のロジックの中でも特に重要なのは、戦略が経営環境の変化と適合していることである。ともすると見落としがちなPEST（→「6．PEST分析」p.20参照）など、マクロ環境の変化を分析することが大切である。また、どうしても過去・現在の競合・顧客に目を奪われがちであるが、潜在的な競合・顧客にも目を向けるとよいであろう。

　第三に、実行面まで考慮して戦略を具体化する。トップが戦略の大きな方向性を示すだけでは、なかなか変革は実現しない。組織・経営資源・オペレーションをどう展開するかまで、現実性を考慮して具体化する。経営資源は、**ヒト・モノ・カネ・情報**といわれる。戦略実行に必要な資源を十分に手当てしないと、戦略は絵に描いた餅に終わってしまう。

　また、実行をスムーズにするために、ブラザー工業の事例に見るように、以上のプロセスに各部門のミドルや一般従業員の幅広い参加を求めることも考慮するとよいだろう。トップや企画部門、あるいは彼らから依頼を受けたコンサルタントがトップダウンで決めた戦略ではなく、ミドルや一般従業員が「自分たちで作った戦略」という意識をもつことが、戦略の実現を容易にする。

5 ビジョン・ストーリー

概要 ビジョン・ストーリーとは、企業または事業、組織の将来像をストーリーの形で表現し、将来像のイメージとそれを実現できた際の喜びや感動を伝えられるようにする方法で、既存のビジョン定義の論理的・定量的な表現の欠点を補う手法である。

■一般の戦略立案の2つの問題点

戦略立案は、主にデータ分析と論理的な思考力を使って組み立てることが多いが、一般に行われる戦略立案は2つの点で問題がある。

一つは、現状から出発するために、「現状延長型」の発想になりやすい点、もう一つは、立案した戦略を伝達したり実行する際にうまく伝わらない、実行がはかどらないという点である。

はじめの問題点については、現状を分析して将来予測を行い課題を上げるため、現在できることを発想してしまい、飛躍した考えが生まれにくいということである。ワークショップなどをやってみるとよくわかるが、すぐに行き詰まってしまう。普通に思いつきそうなことしか出てこないのである。これに対して、望ましい将来像から発想する「ビジョン先行型」の発想を行うと、現状はひとまず置いて、どうなりたいか、どうなれたら利害関係者が歓迎するかを皆で議論することになる。すると、こうやりたい、ああなりたいという意見が様々出てきて盛り上がり、次々と新しいアイデアが生まれるのである。

うまく伝わらない、実行できないという2つ目の問題点であるが、経営企画を中心に経営目標案を設定し、中期の戦略を立案しても、事業本部や現場が思うように動いてくれない、中期経営計画がなかなか達成されないということがある。これについては、「人は理屈では動かない」という話と本質は同じである。数値と論理で練り上げられた戦略は、興味が湧かない、面白くない、やる気が湧かない。では、動いてくれる要素とはいったい何であろうか。「イメージ」と「感情」である。これは、私たちが個人

❺ ビジョン・ストーリー

として行動を起こすときを分析してみるとよくわかる。もし行動を起こしたらよいことが起こりそうなイメージが湧いて、それを実現したくなったときに、私たちは行動を起こすものである。

■イメージと感情の伝達の必要性

下図は、脳の構造を簡単に表現したものである。言語、論理、数字などには、いわゆる左脳的機能の分野が働いて反応する。一方イメージや音・音声などには、いわゆる右脳的機能の分野が働いて反応する。この他、人の感情は大脳辺縁系と呼ばれるところで起こるといわれ、食欲、睡眠欲などは脳幹で起こるといわれている。

左側の図は、理屈を聞いて、左脳的な機能が反応している状態を指している。脳はここだけ反応しても行動は起こさない。「ふうん、そうなんだ」と理解するだけである。それに対して右側の図は、左脳的機能に加え、イメージなどを司る右脳的機能も反応し、かつ感情を司る大脳辺縁系も反応している。こういう状態になると「すごい！」とか「いいねぇ！」という共感・感動が湧き起こり、「ぜひ実現したいね！」というような具体的な行動につながると考えられる。

このため、伝えたい相手に具体的なイメージが伝わり、感情が湧き起こるようにすると、共感・共鳴してアクションをとってもらえるのである。

■■■脳の模式図■■■
共感の重要性

以上の2つの課題、すなわち、「現状延長型」から「ビジョン先行型」の発想への転換、そして、データと論理だけでなく、イメージと感情を盛り込んだ戦略立案を行うためにはどうしたらよいか、という課題解決に対して、「ビジョン・ストーリー」という手法を使うとよい。

　ビジョン・ストーリーとは、まだ実現していない将来のビジョンを想像して、こんなふうにお客様に喜んでもらいたい、こんなふうに従業員にやりがいを感じてもらいたい、ということをストーリーの形で表現するのである。小説や映画、マンガはストーリーである。私たちは、そうしたストーリーを読んだり見たりして、感動してきたのではないだろうか。そして、ビジョン・ストーリーを作成した後に、戦略シナリオを作り、ビジョン・ストーリーで描かれた将来像を実現できるようにしていくのである。

　ビジョン・ストーリー的な書き方をして新規事業の事業計画を社内で通し、実現した例がある。「Soup Stock Tokyo（スープストック東京）」である。このお店は、三菱商事の社内ベンチャーとして提案され事業化されたものである。これは、女性が主人公として登場する「スープのある一日」というストーリーの形で提案され、審査を通って実現にこぎつけている。同店はその後、大都市圏の駅中やショッピングモールに、スープメニュー主体のお店として展開している。

　ビジョン・ストーリーの正式な作り方は石川正樹が考案したものであるが、ここでは簡単な例を、筆者の創作として以下に紹介しよう。

▌ビジョン・ストーリーの作成例

　201X年10月、三鷹化成グループに勤める加藤久課長は、虎の山病院の脳神経外科の診察室にいる。小学5年の息子・雄太の運動会で転び左手を強く打ってしまった。当初は打撲と思っていたが、数日しても小指が思うように動かない。自宅のある武蔵小金井の街医者で診察してもらうと、「神経が切れている恐れがありますので、専門の先生がいる病院をご紹介します」といわれ、ここに来たのだった。「小指の付根の神経が断裂して

いますね」と臼井医師が、パソコンからレントゲン写真の画面を映し出しながら説明する。「元に戻るでしょうか？」と心配そうな表情で加藤が尋ねる。「神経接続手術をすれば、1ヵ月ほどで元に戻りますよ」と臼井医師は、加藤を落ち着かせるような話し方で答える。加藤は、少しほっとした。臼井医師の説明によると、神経が切れた部分を切開し、断裂した神経を、最近開発された管状のナノテクファイバーでつなぎ、埋め込むだけでいいという。

　それを聞いた加藤は嬉しくなって、「最近は、そんな技術があるんですか！　進んでますね」と弾んだ声を発した。すると、臼井医師は、「これ、加藤さんがお勤めの三鷹化成さんで開発した技術ですよ。特許もとってらっしゃるようで、海外でも使われ始めているそうですよ」という。「えっ！？　うちの会社の製品ですか？　知らなかったなぁ。うちの会社も、けっこういいことやってますね」と加藤は照れくさそうに答えた。「私は、これを使って、たくさんの方の神経をつないできました。みなさん治って喜んでくれましたよ」と臼井医師。

　手術は1週間後に行われ、その日のうちに退院することができた。切り口が少し疼くが、小指がまた動くようになることを思えば我慢できる痛みだ。加藤は、怪我した小指がまた動く日を期待しながら、"治ったら、ぜったい「うちの会社の製品のお陰で治ったんだ」って、みんなに自慢してやるんだ" と心に誓った。すると、頭の中にふっと、Good Chemistry, Healthy Life という会社の理念が浮かんできたのであった。

　いかがであろうか？　皆さんの頭の中に虎の山病院でのやり取りの様子が浮かんできて、主人公の喜びが伝わったであろうか。実際にこのストーリーの朗読を聞いていただいた方々からは、「イメージが湧きました」「実感をもって聞けました」などのコメントが届いている。

　このようにデータと論理だけでなく、イメージ、感情に訴えられるような将来像のストーリーを作ることで、「ビジョン先行型」の発想を行い、それと連動した戦略シナリオを描くことで、伝達力が強く、実行につながる戦略立案が行えるようになるのである。

第 **2** 章

経営環境分析

　優れた経営戦略は、内部・外部の経営環境と適合し、革新性・飛躍がありつつ、現実的でなければならない。経営戦略を策定するに当たり、経営環境を綿密に分析することが重要である。
　第2章では、経営環境分析の実務で多用される代表的なフレームワーク、コンセプトを紹介する。

6 PEST分析

PEST分析は、戦略立案時に外部事業環境を分析する際に使用するフレームワークで、P：Politicalは「政治的環境要因」、E：Economicは「経済的環境要因」、S：Socialは「社会・文化的環境要因」、T：Technologicalは「技術的環境要因」を指している。

　それぞれの環境要因分析でまず重要なことは、自社に関係のある環境要因を抽出することである。環境要因は数え上げると数限りなくある。このため、自社および自社グループに影響を与える要因にはどのようなものがあるかを見極め、情報収集する必要がある。なお、環境に関するデータは、インターネットとデータサービスの普及により、政府をはじめ色々な情報ソースから取得することができる。

　要因の動向については、実績データだけでなく将来の見通しデータも入手すること、また、定量データだけでなく定性データの入手も重要である。特に将来見通しについては色々な見方があるため、可能な限り複数のソースから情報を取ることをお勧めする。

　その上で、その環境要因変化が自社にどのような影響を与えるかを検討する。そして、その変化に対し、どのような対応がありうるかまで検討しておくとよい。PEST分析は、きちっとした情報ソースがあって分析能力ある人が分析を行うと類似の結論を得られることが多いので、時間のあるときに戦略立案の下準備として実施しておくとよい。

P Political = 政治的環境要因

　政治的な環境要因については、政治体制、与党の方針、政府の予算、消費税、法人税、会社法関連の規制、特定事業規制法の動向など、自社事業に関連した政治環境要因の動向を把握する。政治環境要因は、経済のように連続的に変化するのではなく、政権交代、規制緩和などにより短期間に急激に変化することがあるので、法案の審議

状況、法律改正の影響などを注意深く見守っていく必要がある。

　日本は、世界的に見ても統計データがよく揃っている国で、政府が発表している統計データは、最近では、各省庁のインターネットのHPに掲載されているので、参考にするとよい。

E　Economic ＝ 経済的環境要因

　経済的環境要因としては、まず、株価、GDP成長率、金利動向、為替動向、物価水準などがある。企業活動に影響を与える基本要因については、過去３ヵ年と、これからの３ヵ年について数字を押さえておく。リーマンショックのように半ば突然発生するものもあるので、短期的な動向にも注意を要する。なお、過去データを見る際には、例えば、リーマンショック時に株価がどれだけ下がったかなど、過去に起こった出来事との関連も把握しておいた方がよい。毎年、年末になると様々な研究機関から出される経済予測があるので、年度で戦略や計画を見直す場合は、それらを活用するとよい。

　実績についてはどの機関の数字も変わらないが、予測となると機関ごとに見方や数字が異なるので注意を要する。どの機関のものがいいかは一概にいえないが、自社の見方に近いところのものを選ぶとよい。なお、出典は押さえておくべきである。

　グローバルに業務を展開している企業は、国内のマクロ環境要因ばかりでなく、主要対象市場のマクロ環境要因も考慮する必要がある。米国・欧州・中国他主要新興国などの大まかな分類が考えられる。これら海外の特定国で事業を営んでいる場合は、その国の調査機関や国内の専門調査機関の予測も押さえておく必要があるだろう。

　その他の経済的な要因については、自社に関係の深い要因の動向を押さえておく。例えば、消費財を扱っている企業は個人消費の動向が重要になるし、民生用の生産財を扱う企業は民間設備投資の動向が重要になる。原油価格の影響を受けやすい事業は、原油をはじめとするエネルギー資源の需給動向を見ておく必要がある。

S　Social ＝ 社会・文化的環境要因

　社会・文化的環境要因は、人口動態など国・地域全体にかかわる要因もあれば、自社の事業に関連した要因もある。例えば、若年層一般を対象とした事業であれば、若年層人口の動向やライフスタイルの変化、トレンド変化などの要因動向を把握するなどが必要となる。

　日本の人口は少子化と高齢化によって、すでに人口減少が進んでいる。地域によってはその程度が異なるので、地域差も押さえておくとよい。ただ高齢化といっても、最近のお年寄りは以前よりも元気で趣味も多彩なことから、単に年齢で消費行動・購買力などを論じられない面もあるので注意が必要である。

　また、最近は年齢層によって購入意向、購買行動が異なるため、世代間差、性差なども押さえる必要がある。例えば、最近の若者は車の購入意向が低いとか、40代まではインターネットを使った情報収集や通信販売を活用する率が高いなどである。

　長期的には社会的価値観は変化する。例えば、オイルショックを機に米国で大型車が売れなくなったり、日本ではエコロジーで中古品が買われるようになったり、東北・関東大震災を機に節電や反原発機運が高まったりしているのである。

T　Technological ＝ 技術的環境要因

　技術的環境要因については、自社事業に影響を与える技術的要因、例えば、半導体関連事業であれば半導体技術の動向、通信関連事業であればコンピュータや情報通信技術の動向というように、技術の革新や進歩についての動向を調べて分析する。

　技術的環境要因は、自社の事業に直接関係する要因だけが重要とはかぎらない。例えば、コンピュータと通信技術の発達で、従来よりもはるかに簡単に、かつ低コストで事業所間、個人と事業所間での情報伝達とデータ処理が可能になった。これによって営業の方法を根本的に変えた事業会社もある。また、新素材の開発で、自社で使用している素材を代替するものが現れ、自社の事業基盤そのものをゆるがすようなことも起こりうる。

PEST 分析

Political　政治的環境要因	Economic　経済的環境要因
・政権、体制、法規制、税制、特定事業関連法、裁判制度	・GDP、株価、金利、為替など ・関連諸外国の経済動向
Social　社会・文化的環境要因	Technological　技術的環境要因
・人口動態、寿命、年齢層構成、世代間価値観、購入意向・行動差など	・エネルギー、環境関連技術、素材、部品、加工、通信・情報システムなど

　温暖化や環境問題、クリーンエネルギー関連は、もう一つのＥ：Environmentといわれるくらい重要な要因になってきている。地球環境が人類の活動によって大きく影響を受け、環境変動が大きくなってきている今日、エネルギーとして何を使うか、大気中、水中、地中にCO_2などをどれだけ排出するか、それが地球全体として温暖化や大気・海洋汚染などの形でどのような影響を受けるかが、我々人類の営みに大きな影響を与えるようになっている。環境関連は、政府のエネルギー政策によって多くの産業が影響を受ける面もあるし、CSR、企業の社会的責任として取り組む際にも必要となる情報である。

　マクロ環境要因は、自社への影響やそれに対する対応方針を考えることに本当の意味がある。例えば、有利子負債（いわゆる借入金）が多い企業は、金利の上昇に伴って支払い金利が増え、営業外収益を圧迫する。生産財を生産しているメーカーの場合は、民間設備投資の動向が受注に影響を与えることもある。規制に守られている業種と、そうでない業種は、政府の規制緩和の影響がまったく異なってくる。マクロ環境要因の自社への影響を考えるということは、こうした部分を指している。環境要因は、自社にとって機会（チャンス）になることもあれば、脅威（リスク）になることもある。経営者のメンタリティーにもよるが、どちらか一方の要因に偏った見方にならないようにしたい。

7 3Ｃ分析

概要　3Ｃ分析は、戦略立案時に、3つのＣ、すなわちCustomer（市場・顧客）、Competitor（競合）、Company（自社）の観点から分析を行い、自社や自事業がどのような事業環境に置かれているのか現状を分析し、経営課題の発見や戦略代替案の発想などに活用するフレームワークである。市場をCustomer、自社をCompanyとしているのは、語呂合わせである。公開されている日本企業の中期経営計画には各社の戦略が反映されているが、競合の観点が弱いものが多い。もちろん公開資料で競合を刺激しないようにという配慮もあるだろうが、重点を置いて見ていただきたい。

① Customer（市場・顧客）分析

　市場・顧客分析では、まず市場規模と成長性、セグメントとその特徴を見る。市場規模は、通常、対象となる製品・サービスの売上の総和を指している。また、成長性は年率で見るが、過去3ヵ年、5ヵ年などの年平均成長率でも見る。そして、成長期、成熟期など、どのような段階にあるかを分析する。市場には実際に売上がある顕在市場と、出せば売れる可能性のある潜在市場がある。潜在市場はダイレクトな数値に出てきにくいが、顧客ニーズなどから推定することもできる。

　顧客分析では、顧客数、顧客セグメント分類、顧客ニーズ、顧客の購買行動、購買ルート、広告・プロモーション反応度、値ごろ感、リピート率などを見る。顧客のセグメント分類方法は、人口動態的なもので見るデモグラフィックセグメンテーションと、心理的なもので見るサイコグラフィックなものとがある。製品・サービスの特性によって取得するデータ・分析方法を考えるとよい。

② Competitor（競合）分析

　競合分析では、まず市場全体でのプレーヤーを抽出し、競合状況を分析

する。寡占度合いが強いと競合が限られてくるし、飲食業のようにプレーヤーが多く、数といい相手といい特定しにくい場合もある。競合は、企業レベルで見る場合と、事業・ブランドで見る場合とがある。企業全体として比較する場合は企業レベルで見るが、個別の製品・サービスで見る場合は、事業・ブランドで見ることが多い。

　次に競争要因を抽出する。競争要因とは、顧客が何で購入を決めているかということである。それは主要なマーケティング要素である製品・サービスの機能・品質であったり、ブランドであったり、価格であったり、広告宣伝であったり、営業力であったり、流通チャネルカバー率であったり、サービス体制であったり、色々な要因が考えられる（→「32. マーケティング・ミックス」p.118参照）。そして、マーケットリーダーを含む直接競合企業・製品をピックアップし、個々の企業・製品について、自社または自社の製品・サービスとの比較を行う。

　企業レベルで見る場合は、売上、成長性、利益率などの財務分析値、開発・製造・営業などの拠点、製品・サービスラインとその特徴、マーケットシェア、顧客属性、顧客評価などのマーケティング要素、開発者数、営業マン数、人材などの人的資源要素、特許、技術力などの技術的要素などを比較する。事業・ブランドレベルで見るときは、上記のマーケティング要素を主体に関係する要素を比較する。

　その上で、その企業または製品・サービスの強み・弱みを分析し、KFS（Key Factors for Success）を特定する。

③　Company（自社）分析

　自社分析にも、企業レベルの分析と事業・ブランドレベルの分析がある。まず、事業・ブランドで見ていく際には、先ほどの競合分析と同様の項目で見ていく。すなわち、事業売上、成長性、収益性、コスト構造などの事業分析、開発・生産・営業などの拠点分析、製品・サービス群とその特徴、価格帯、マーケットシェア、ブランド力、顧客数・顧客層・顧客満足度などのマーケティング要素、開発者数、営業担当者の数、人材などの人的資源要素、特許、技術力などの技術的要素などを分析する。そして自社の強

み・弱みを分析し、競合と比較して自社としてのKFSを抽出する。

　企業レベルの分析を行う際は、以下の観点を加える。すなわち、より詳細な財務分析、年齢構成、専門性、満足度などの人的資源要素の分析、組織や会議体、意思決定、管理方法などの経営管理要素の分析、情報共有、情報活用、情報化投資などの情報要素の分析、人となり、社員気質などの組織風土的要素の分析である。

■■ 3C分析のポイント ■■

	Customer （顧客・市場）	Competitor （競合）	Company （自社）
事業・ブランドレベル	市場規模・成長性・顧客関連要素	財務・拠点・マーケティング・人的資源・技術的要素など	財務・拠点・マーケティング・人的資源・技術的要素など
企業レベル	市場規模・成長性など市場要素中心	財務・拠点・マーケティング・人的資源・技術的要素など	上記＋より詳細な財務・人的資源・経営管理・情報・組織風土などの分析

　右図は、競合分析の例である。自社が新たなサービスとして旅行予約サイトを立ち上げる想定で、すでにサービス中の主要競合企業について分析を行ったとするものである。まず、ターゲット顧客層とそのニーズを想定し、そのニーズに応えられる商品・サービスを定義し、価格帯比較を行っている。そして販売方法、プロモーションの行い方を分析し、それぞれの競合の強み・弱みと自社の強み・弱みを分析している。それ以降は、企業としての財務値分析であり、最終的にこの事業での重要成功要因を抽出している。

　競合分析では一般に競合他社に関する情報は限られているため、詳細な情報入手は困難な場合が多い。財務関連情報については、公開企業であれば、かなり詳細な情報が入手できる。一方非公開企業の場合は、帝国データバンクによる調査レポートなどに限られる。

❼ 3C分析

■■競合分析の事例■■

	当事業	競合A 旅行関連	競合B ブログ関連
ターゲット顧客	・0～3歳の子どもがいる家庭 ・ネット環境にある	旅行及び宿泊する人全て	・ブログを書きたい人見たい人 ・ポイント・ショッピングの連動
ニーズ	・旅行に行きたい ・特化した旅情報が欲しい	全国網羅の宿から選びたい	・アピールしたい ・他人の様子を見たい ・お得なネットショッピング
商品・価格	宿予約のコミッション・広告・ショッピング	宿予約のコミッション・広告	利用者0円、広告、アフリエイト
販売方法	ネット	ネット	ネット
プロモーション	ママの体験が一番の宣伝効果	宿数確保で選択に自由度を持たせる	幅広いジャンルで楽しめる
強み・弱み	強―ママ目線とママ世界の活用 弱―信頼性・宿件数	強―宿の多さ・信頼性・認知度・P制 弱―特化が浅い・ターゲットが広い	強―認知度・参加者数・幅広さ 弱―特化が浅い・サイトがわかりにくい
資本金	○○百万円	○○百万円	○○○百万円
売上	○○百万円	○○○百万円	○○○○百万円
経常利益	○百万円	○○百万円	○○○百万円
従業員数	○人	○○○人	○○○人
重要成功要因	ママの認知度UPとクチコミ	雑誌の時代から旅行と言えば「○○○○」と認知度がある	可愛らしい画面・これまでにない紹介制・コミュニティの多さと自由度

　マーケティング関連情報は、一般ユーザー向けに商品・サービス提供を行っている場合は、HPやサービスサイトから得られるし、顧客満足度などは、通販を行っている企業であればカスタマーレビューなどが役に立つ。

　ただ、カスタマーレビューは、極端な顧客のコメントなどもあるため、信頼性・取扱いに注意を要する。競合他社と比較した情報を新たに入手したい場合は、アンケート調査、グループインタビューなどの手法もある。アンケート調査は、近年はインターネットアンケートなどの方法により以前よりは割安に実施できる。

　B2Bビジネスを行っている場合は、自社営業マンから取引先、新規開拓先などを通じて競合他社の動き、評判を入手する方法がある。定性情報でも一定の方法で集約すると、競合他社の動きや評判を把握するのに有用な情報が得られる場合がある。

　競合情報については、一時だけで集めようとすると制約が多いので、常日頃から集められるような体制を取っておくことが望ましい。

8 製品ライフサイクル

概要

製品ライフサイクル(PLC: Product Life Cycle)とは、製品の誕生から廃棄までを一つのサイクルと見て、その盛衰を3段階から5段階の時期に分けてモデル化したものである。プロダクト・ライフ・サイクルあるいは PLC とよばれ、生物の誕生から死までの寿命にたとえているので「製品寿命」と訳されることもある。

製品ライフサイクルは、製品や市場、業界、あるいは競争状況によって異なるが、一般的な4段階モデルでは、下図のように、「導入期」→「成長期」→「成熟期」→「衰退期」に分けられる。

■■製品ライフサイクル■■

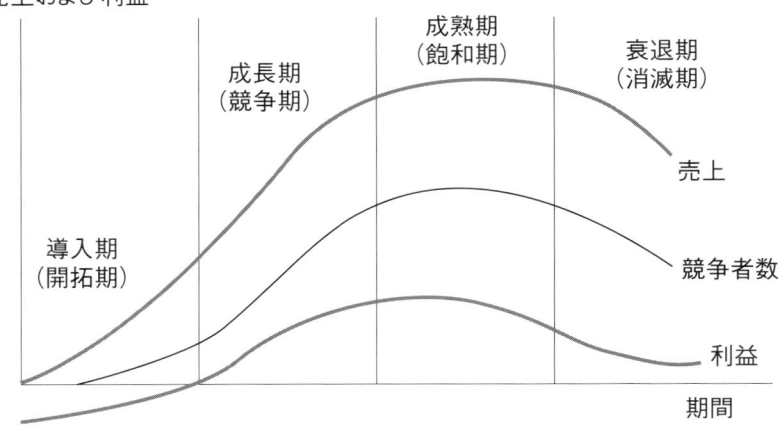

縦軸：売上および利益　横軸：期間

導入期（開拓期）／成長期（競争期）／成熟期（飽和期）／衰退期（消滅期）

曲線：売上、競争者数、利益

出典：井原久光『ケースで学ぶマーケティング』ミネルヴァ書房, 2009, 第9刷, p.192

導入期は、市場に投入されたばかりで、開発費用や市場投入の費用に対して売上高が少なく利益も出ない場合が多い。この時期は競争者も少ないので、早く製品を知らせることが有効である。

成長期は、製品の認知度が上がり、売上増加にともない利益も改善するが、競争者も市場に参入するので、製品の改善やラインナップの追加が行

❽ 製品ライフサイクル

われる。

成熟期は、市場が成熟して代替需要が多くなる。一部の競争者は撤退するが需要が伸び悩んでいることから価格競争は激しい。市場や製品を見直し販売促進活動の強化などが必要になる。

衰退期は、製品の魅力は薄れ、売上は減少する。競争者の撤退で残存利益を得られることもあるが、全体としては利益も減少するため撤退の時期が検討される（→「21．撤退戦略と撤退障壁」p.76 参照）。

■■製品ライフサイクルの４段階モデル■■

	導入期	成長期	成熟期	衰退期
売上	低い水準	急増する	高原状態	減少
費用	開発費など大	量産効果で減少	シェアにより差	シェアで差
利益	マイナス	改善	勝ち組に利益	残存者利益
競争者	少ない	参入者増加	一部撤退	淘汰され減少

活用のポイント　このサイクルは、製品をどのようにくくるかによって異なる。例えば、自動車という大きな製品ジャンルで見れば、成熟しても、人口が減らない限り、代替需要があって衰退することはほとんどない。ガソリン自動車というジャンルになれば、電気自動車の台頭で衰退することもある。四輪駆動車というジャンルにすると、ライフスタイルの変化や流行に左右される。三菱パジェロやホンダ・オデッセイというブランドで見ると、その商品力によって、製品寿命の長短が決まる。

なお、この製品ライフサイクルの段階に応じて、国際化が進展するという理論もある（→「22．国際化の発展段階」p.80 参照）。

▌博多明太子のケース

朝鮮半島の食べ物だった辛子明太子が日本に輸入されたのは昭和初期だとされるが、当時は福岡、下関などの魚屋の店頭に並ぶ程度であった。第

二次世界大戦後、朝鮮半島で育った川原俊夫が日本的な味付けに成功し、「ふくや」を創業、博多で売り出すと、徐々にその名が知られるようになった。これが導入期にあたるが、この時期は、「福さ屋」「鳴海屋」「福太郎」「やまや」「かねふく」などの老舗が味の開発などにマーケティング・コストをかけた。

その後、1976年に新幹線が博多に乗り入れると「博多名物」として全国的にその名が知られるようになり、成長期を迎えた。当初は、市内の土産物店、キオスク、空港内の店舗で売られていたが、知名度の向上とともに都市部における需要が増大して、福岡からデパートなどに出店する老舗企業が増えた。

さらに需要が拡大すると、関東で「たらこ」とよばれていた商品ジャンルに「明太子」が加わり、一般スーパーでも売られるようになった。加えて、大阪などの業者が、逆に、博多に工場や支店を置いて「博多」ブランドを名乗るなど、多くの企業が市場に参入してきた。

また、最初は、たらこ全部を使った「一本物」が贈答用などの主力商品であったのに対して、製造過程で表面の薄皮が切れたりつぶれたりした「切れ子」も、低価格の"わけあり品"として売れ筋に加わった。成熟期を迎えた現在、デパートやスーパーでの売り場合戦に加えて、インターネットを通じた通信販売などでも激しい価格競争が繰り広げられている。また、明太子の用途を、スパゲッティやパンなど、様々な食材に広げる企業努力も見られる。

この事例からわかるように、産業あるいは業界としてのプロダクト・ライフ・サイクルと個別企業の成長性や収益性は異なる。成長期には参入者が増え、価格競争が激しくなり、成熟期にはチャネルの新規開拓や製品ラインナップの拡充も必要になってくる。

▮市場ライフサイクルとの違い

市場全体の需要を維持して長期的利益を獲得するという発想が、**市場ライフサイクル**の考え方である。製品ライフサイクルという考え方は、製品の寿命をどう管理するかということであるから、製品によっては短命に終

わることもある。短期間にブームが過ぎるような場合を**ファッド**（fad）とよび、ある程度流行する場合を**ファッション**（fashion）というが、それが一定期間以上のスタイル（style）として定着しなければ、長期的な利益を得ることはできない。

　例えば、アイビールックがファッションであるなら、その基本はカジュアルな服装のスタイルということになる。そのためには、個別の製品を管理するという発想だけでなく、顧客を長期間引き止めて、熱心なリピーターを固定的に維持する発想も大切である。このような既存顧客の維持や取引拡大による需要確保のことを**市場ライフサイクルの長期化**という。

ライフサイクルコストとの違い

　製品ライフサイクルと似ていて、まったく違う意味に使われる概念に**ライフサイクルコスト**（LCC：Life Cycle Cost）がある。これは顧客の側にたって、その製品の購買から使用、廃棄までの費用をトータルで考えたもので、「生涯費用」とも訳されている。例えば、ベンツのような高級車を購入した場合、初期の購入費用ばかりでなく、修理や車検、保険などメンテナンスのための費用も必要になるが、ある年月が経過して売却するとしたら、下取り価格が高くなって有利な場合もある。

　このLCCの考え方は、ダムやビルメンテナンスなど産業財のマーケティングでは大切な考え方で、最近の環境意識の高まりから、イニシャルコスト、ランニングコストに加えて、廃棄処分に必要な費用も考える必要がある。

　例えば、原子力発電を石油、太陽光、地熱などのエネルギー源として比較する場合、建設コスト、原料調査コスト、維持メンテナンスコストばかりでなく、地震津波対策コストや最終処分コストも含めたライフサイクルコストを算出しなければならない。

9 ファイブフォース分析

概要

ファイブフォース（five forces）**分析**とは、ポーター（Poter, Michael E.）が提唱した競争戦略上の分析ツールで、①競争業者、②買い手、③供給業者、④新規参入者、⑤代替品という5つの脅威（競争要因）について、業界の構造や魅力度（収益力）を分析するものである。

競争相手よりも正しく5つの要因を分析し、優れたポジションを得たり、競争のルールを変えることが優れた競争戦略とされる（→「3．理想に至る2つの経路」p.6、「23．3つの基本競争戦略 p.86」参照）。

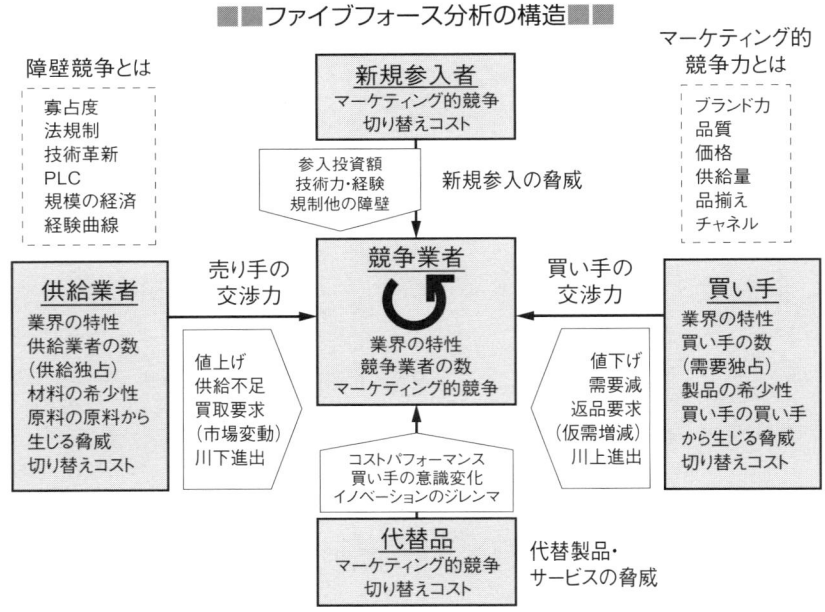

■■ファイブフォース分析の構造■■

障壁競争とは
- 寡占度
- 法規制
- 技術革新
- PLC
- 規模の経済
- 経験曲線

マーケティング的競争力とは
- ブランド力
- 品質
- 価格
- 供給量
- 品揃え
- チャネル

新規参入者
マーケティング的競争
切り替えコスト

参入投資額
技術力・経験
規制他の障壁
新規参入の脅威

供給業者
業界の特性
供給業者の数
（供給独占）
材料の希少性
原料の原料から
生じる脅威
切り替えコスト

売り手の交渉力
値上げ
供給不足
買取要求
（市場変動）
川下進出

競争業者
業界の特性
競争業者の数
マーケティング的競争

買い手の交渉力
値下げ
需要減
返品要求
（仮需増減）
川上進出

買い手
業界の特性
買い手の数
（需要独占）
製品の希少性
買い手の買い手
から生じる脅威
切り替えコスト

コストパフォーマンス
買い手の意識変化
イノベーションのジレンマ

代替品
マーケティング的競争
切り替えコスト

代替製品・サービスの脅威

出典：M.E.ポーター『競争の戦略』ダイヤモンド社, 1982, p.18を基に作図

① **競争業者の脅威：同じ業界内の競争関係から生じる競争要因**

この脅威は、業界の規模や成長率などの市場特性、競争業者の数によって左右される。例えば、規模が大きく成長が見込める業界はゆとりがある

が、小規模の市場に多数の競争業者がいる業界では競争が厳しくなる。また、ブランド力、価格、品揃え、チャネルの数など、マーケティング的な競争力にも左右される。

② **買い手の脅威：自社製品を購入してくれる顧客がもたらす競争要因**

買い手は、値下げを要求したり、注文をストップ（需要減リスク）したり、返品要求もする。大手コンビニが自ら食品を製造販売する場合など、顧客自身が自社製品と同じものを製造する川上進出もある。この脅威は、買い手業界の特性、買い手の数や規模、自社製品の希少性などに左右される。また、次頁のムラタのケースで見るように「買い手の買い手から生じる脅威」もある。

③ **供給業者の脅威：原材料の購入先（売り手）がもたらす競争要因**

供給業者は、値上げを要求したり、供給をストップ（供給減リスク）したり、原料の引取りを求める買い取り要求もする。供給業者自らが自社製品と同じものを製造する川下進出もある。この脅威は、供給業者が属している業界の特性、供給業者の数や規模、材料の希少性などに左右される。また、レアメタルや原油の高騰が産業界に与える影響が大きいように、「原料の原料から生じる脅威」もある。

④ **新規参入者の脅威：新たに業界に参入する業者がもたらす競争要因**

新規参入者が、業界内の競争者を上回る資金力や技術力をもつ場合に脅威になる。これに対して、業界の寡占度、法規制、製品ライフサイクル（成長期の場合に新規参入が多くなる）、規模の経済性など、参入を阻止する障壁があるかどうかにも左右される。

⑤ **代替品の脅威：同じ買い手のニーズを満たす代替品による競争要因**

代替品のコストパフォーマンスが高かったり、買い手の意識が変化した場合に、この脅威が増大する。この脅威は、新規参入者からの脅威と同様に、マーケティング的競争力がある場合には低減されるが、低付加価値商品が代

替品になる場合もある（→「13. イノベーションのジレンマ」p.46 参照）。

> **活用のポイント**　ファイブフォース分析では、競争相手よりも正しく5つの要因を分析し、それらを動かすことで競争のルールを変えることが優れた競争戦略とされる。そのためには、最重要要因を特定する必要がある。また、新しい買い手、売り手、代替品などへの乗り換えにかかる手間・費用・時間などのことを、切り替え費用（スイッチングコスト）といい、これをうまく利用することも重要である。これらについて、以下村田製作所（ムラタ）のケースで説明しよう（スイッチングコストについては→「30. 先行優位性」p.112 参照）。

▎ムラタのケース

ムラタは、セラミックコンデンサ市場において、TDK、太陽誘電など「競争業者の脅威」や、韓国の SEMCO、台湾の Yageo など「新規参入者の脅威」に対して、シェアと利益率で群を抜いた業績をあげている。

コンデンサは、あらゆる電子部品に使われるので市場規模が大きいが、コンデンサ機能をもつ新物質は発見されそうもないので「代替品の脅威」が低く、競争相手が限られていて「業界の範囲」は狭い。

この市場での最大の脅威は、「買い手の脅威」である。電子部品メーカーは、ソニーやパナソニックのようなセットメーカーに対して弱い立場にある。さらに、ヤマダ電機やビックカメラなどの量販ルートが家電販売の6割を占めリベートが増えていることから、セットメーカー自体が「買い手の買い手から生じる脅威」にさらされている。

反対に、セラミック製品の原材料は、レアメタルや原油のように偏在せず独占的な供給業者もいないため「売り手の脅威」は小さいが、ムラタは「良い部品は良い材料から」の考えに基づき、「素材から製品まで手がける」垂直統合を進め、この脅威をさらに小さくしてきた。

その結果、高い品質と同時に製品原価のブラックボックス化を実現して、「買い手の脅威」である価格交渉において有利な地位を確立してきた。

セラミック製品は原材料が特定できても、焼く温度、時間、手順まで解

析することは困難なので模倣が難しい。そのため、製造過程のブラックボックス化は、「競争業者の脅威」「新規参入者の脅威」も低減している。財務諸表を見ると、ムラタの利益率は、買い手の大手セットメーカーや競合他社より高くなっている。

さらにムラタは、高品質とコスト競争力と共有能力を武器に、セットメーカーと共同で技術開発を進めてきた。新製品を開発する際に部品調達上、もっとも信頼できるパートナーとなることで、買い手にとってのスイッチングコストを高め、多方面からの脅威を低減してきたのである。

▌SCP モデル

ポーターのファイブフォース分析は、産業組織論の SCP モデルを、逆転の発想で経営学的にモデル化したものである。産業組織論は、産業の組織構造から経済性を考える経済学の一派で、完全競争を理想とする。このため、(a) 市場シェアが高まったり、(b) 製品の差別化が進んだり、(c) 参入障壁が高くなると、独占的構造になって、競争が阻害されるという「市場構造→企業行動」の考え方に立っている。このような考え方を市場構造 (Structure) が企業行動 (Conduct) を生み、それが企業業績 (Performance) に結びつくという立場であるため、それぞれの頭文字をとって SCP モデルとよんでいる。

これに対してポーターは、経営学の立場から、伝統的産業組織論の見方を 180 度変えた。企業は、ファイブフォース分析を通じて、自社の置かれている競争環境をしっかり理解し、(a) 市場シェアや集中度を高めたり、(b) 差別化を進めたり、(c) 参入障壁を高くしてうまく位置づける（ポジショニングする）ことができると考えたのである。

経済学的に見る人は、(a)(b)(c) のような競争制限的行動が社会的な富の公正な配分に反していると考えるかもしれない。ところが、経営学では、むしろこうした企業行動こそが競争を促しており、市場を創造し富を創り出していると考えるのである。

10 アドバンテージ・マトリックス

概要

業界の競争環境を分析する手法として、**アドバンテージ・マトリックス**というフレームワークがある。これは、業界の競争要因の数と優位性構築の可能性の2つの変数により、事業を特化型事業、規模型事業、分散型事業、手詰まり型事業の4つのタイプに分類している。自社事業の業界特性や新規事業分野の特性を理解して競争要因を見極め、何によって競争優位を構築していったらよいかを検討したり、事業特性転換に役立てることができる。

活用のポイント

① **特化型事業**

競争要因が多く存在し、かつ特定の分野でユニークな地位を築くことで優位性を構築することが可能な事業。例えば、計測器業界は、ナノレベルの長さを測る計測器や外部から内部の状態を計測するものなど色々な計測機器があるため、それぞれの分野で技術的な特徴を出したり、特許を取ることで他社比優位性を構築することができる。なかには世界シェア7割以上を誇る企業も存在する。また、医薬品業界も典型的な特化型事業で、ガン治療薬や糖尿病治療薬など、様々な領域に特化した薬で優位性を構築することができる。このため、医薬業界は利益率の高い業界としても有名である。

② **規模型事業**

規模の経済性を追求することで優位性を構築できる事業では、半導体や自動車などがあげられる。半導体は一つひとつは小さいが、材料となるシリコンウェハーを大きくする、歩留まりを上げる、大きな工場で汎用品を生産するなどして、規模の経済性を発揮できる事業である。日本は、かつて電機メーカーの大半が半導体を手掛けていたが、円高以降経済性の面で台湾・韓国のメーカーに押され、電機メーカー間で事業統合して生き残りをはかってきたが、先進性、付加価値だけでは抗し切れず苦戦を強いられ

ている。自動車産業も典型的な規模型事業で、ガソリン自動車主体の時代には、規模の大きい順に営業利益率が高かった。今後、ハイブリッド車、電気自動車に代わっていく移行期には技術的な先進性が重要になるが、技術が安定してくると規模の経済性が重要になるであろう。

③ **分散型事業**

競争要因が数多く存在するものの圧倒的優位性構築が困難な事業が分散型事業である。例として飲食店業界があげられる。飲食店での重要な競争要因には、立地、メニュー、味、サービスなど色々ある。このため、それぞれ特徴をもたせて競争優位を築くことはできるが、例えば1店だけで成功しているお店もあるなど、特定の優位性だけで圧倒的な規模を誇ることは難しい。このため、ファミリーレストランは、セントラルキッチン方式でチェーン展開して規模型事業に特性転換しているし、コンビニもフランチャイズ方式で規模型事業に転換させている。

④ **手詰まり型事業**

優位性構築が困難な事業である。例えば、鉄鋼業界は、製品に差別性が付けにくいために、長らく低収益性に悩んできた。アルセロール・ミタルのようにM&Aで規模の経済性を追求する会社が現れたため、新日鉄と住友金属が合併するなどの事態になってきている。この他、造船業界、セメント業界、石油化学業界、紙パルプ業界などもこのカテゴリーに入る。

■■アドバンテージ・マトリックス■■

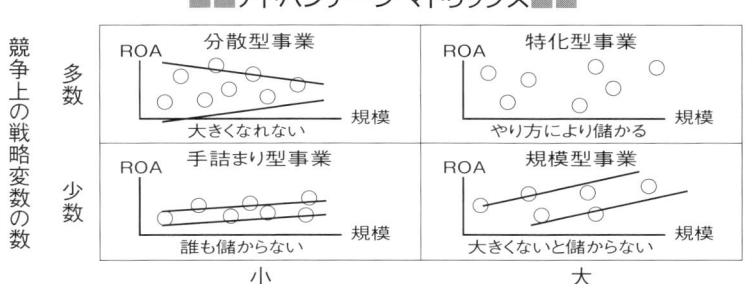

		優位性構築の可能性	
		小	大
競争上の戦略変数の数	多数	分散型事業（ROA／規模）大きくなれない	特化型事業（ROA／規模）やり方により儲かる
	少数	手詰まり型事業（ROA／規模）誰も儲からない	規模型事業（ROA／規模）大きくないと儲からない

出典：相葉宏二『日本企業変革の手法』プレジデント社, 1995, p.166を基に作図

11 製品アーキテクチャ

概要　複数の部品・部材を組み合わせて製品・サービスを作るとき、基本的な設計思想のことを**アーキテクチャ**という。

藤本隆宏によると、部品と最終製品の関係で考えると、アーキテクチャは、**モジュラー（組み合わせ）型**と**インテグラル（擦り合わせ）型**に分類することができる。

モジュラー型とは、複数の部品のインターフェイス（接合部分）や部品の性能・規格が標準化されていて、部品を組み合わせるだけで最終製品が機能を発揮するようなものをいう。

これに対してインテグラル型は、インターフェイスや性能・規格が標準化されておらず、相互に調整をかけないと最終製品が機能を発揮しないものをいう。

■■設計情報のアーキテクチャ特性による製品類型■■

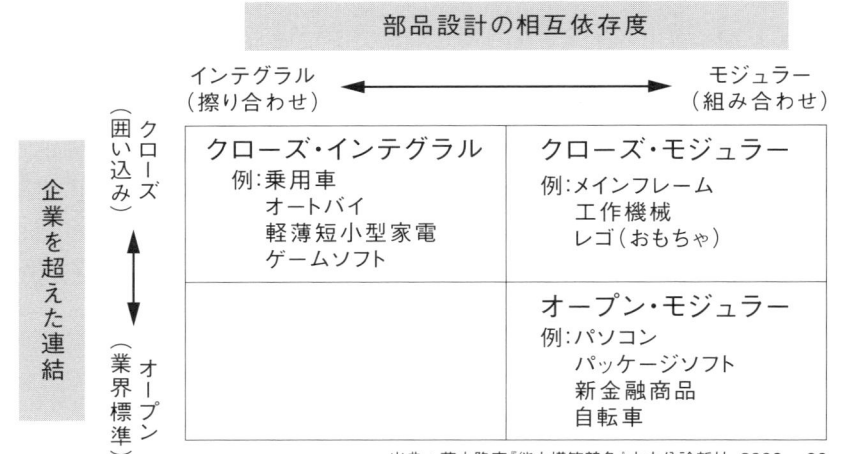

部品設計の相互依存度

	インテグラル（擦り合わせ）　←→　モジュラー（組み合わせ）	
企業を超えた連結　クローズ（囲い込み）↕オープン（業界標準）	クローズ・インテグラル 例：乗用車 　　オートバイ 　　軽薄短小型家電 　　ゲームソフト	クローズ・モジュラー 例：メインフレーム 　　工作機械 　　レゴ（おもちゃ）
		オープン・モジュラー 例：パソコン 　　パッケージソフト 　　新金融商品 　　自転車

出典：藤本隆宏『能力構築競争』中央公論新社, 2003, p.90

モジュラーかインテグラルかという軸に、もう一つ企業間の結合という軸を加える。他社との結合がオープン（市場でのやり取り）かクローズ（企

業内のやり取り）かという違いによって、産業は上図のように「オープン・モジュラー型」「クローズ・モジュラー型」「クローズ・インテグラル型」という３つに分類することができる（なお、事実上、「オープン・インテグラル型」は存在しない）。

　色々な産業は３つのタイプに分類されるが、３つのタイプのどこなら儲かる、儲からないというわけではない。それぞれの位置で違った戦略が要求される。自社の製品・サービスがどの位置にあるかを見極め、アーキテクチャに即した戦略をとることが重要である。

活用のポイント

▰戦略発想の違い

　モジュラー型とインテグラル型では、顧客ニーズや必要とされる能力が異なるので、とるべき戦略も大きく異なってくる。

　モジュラー型では、物理的に製品を作り込む作業自体は簡単なので、作り込みの段階で他社と差別化することは難しい。斬新な設計や低コストで生産可能かどうか、といった点がポイントになる。パソコンでは、アップル（米国）のようなデザイン構想力の高い企業やレノボ（中国）、エイサー（台湾）のような低コスト生産を武器にする企業が競争力をもつのである。

　インテグラル型では、たくさんの部品で相互の調整をかける必要があるので、濃密なコミュニケーションによる共同作業や手先の器用さなどが要求される（デザイン能力やコスト競争力が必要ないというわけではないが）。自動車は数万点に及ぶ部品を使って共同作業で作るものであり、高度な作業が要求される。トヨタ、ホンダなど日本の自動車メーカーの競争力が高いのは納得できるところであろう。

▰アーキテクチャの相性

　つまり、アーキテクチャには国によって相性らしきものがあるということである。大まかに整理すると、濃密なコミュニケーションや微細な作業を要求されるクローズ・インテグラル型は日本企業にとって相性がよく、

大胆な構想力や低コストのオペレーションが必要なオープン・モジュラー型は米国・中国の企業にとって相性がよいということがいえる。

日本はよく"モノづくりの国"といわれ、実際に日本のメーカーは80年代まで世界市場を席巻した。しかし、すべての製造業が強かったわけではなく本当に強かったのは、クローズ・インテグラル型に属する産業であった。90年代以降グローバル化が進み、中国など新興国が市場に参加するようになると、白物家電などオープン・モジュラー型の産業は競争力を失った。

▶アーキテクチャの変化

ここで注意したいのは、アーキテクチャは不動でなく、下図のように時代とともに変化するという点である。

■■アーキテクチャの変化■■

クローズ・インテグラル	クローズ・モジュラー
	オープン・モジュラー

どの製品・サービスも、最初はクローズ・インテグラル型から始まり、やがて製品設計や部品が標準化されると、クローズ・モジュラー型へと移行する。そして、最終的に部品専業メーカーが生まれ、部品を幅広く市場取引できるようになると、オープン・モジュラー型へと移行する。つまり、製品ライフサイクル（→「8．製品ライフサイクル」p.28参照）と対応する形で、成熟化にともない左上から右下に移行するということである。

コンピュータの歴史は、まさにこの変化が当てはまる。80年代までの

⑪ 製品アーキテクチャ

　スーパー・コンピュータはクローズ・インテグラル型の製品だったが、90年代以降オープン・モジュラー型のＰＣへと移行している。90年代以降のグローバル化で国際的な分業が行われるようになっており、コンピュータだけでなく、多くの製品でオープン・モジュラー化が進んでいる。

　その点で自動車産業は、毎年多数の新製品が開発されながら長期間にわたってアーキテクチャの変化がなかった、たいへん特殊な業界であるといえよう。20世紀の初頭に、フォードによってガソリンを使った内燃機関という基本構造が定まって以来（初期には蒸気自動車や電気自動車がたくさん利用されていたが、1908年にＴ型フォードが発売され、ガソリン車が主流になった）、実に100年にわたって自動車のアーキテクチャは、クローズ・インテグラル型であり続けた。

　このアーキテクチャが今後も続けば、日本の自動車メーカーの将来は明るいという見方ができる。しかし、部品点数の少ない電気自動車や発展途上国の簡易型自動車が普及すれば、やがてオープン・モジュラー型に移行し、日本の自動車メーカーの競争力は低下するかもしれない。

　現代の企業は、それぞれのアーキテクチャの中で卓越するだけでなく、アーキテクチャそのものの変化にも注意する必要があるということである。

12 パラダイム

概要　あらゆる組織や人間集団には、固有のルール、価値や規範、行動基準、ものの見方や考え方、慣習などがある。科学者集団にもそうしたものがあり、**パラダイム**（paradigm）とよぶ。一般的に、パラダイムとは、「科学上の問題を取り扱う前提となるべき、時代に共通の体系的な想定」（広辞苑）、あるいは「科学研究を一定期間導く、規範となる業績」（大辞林）と定義される。

しかし、パラダイムを、集団を規定する「規範」ととらえてはいけない。科学者集団も一般的な社会勢力と同じように権力や利害関係や人間関係によって形成されるが、それだけなら「規範」とよべばすむのである。少し柔らかく言い換えるなら、「文化」「伝統」「理念」「価値観」としてもよいが、それらはパラダイムではない。

■■パラダイムとは■■

	パラダイム	規範、伝統、価値観、世界観
生じる世界	科学的世界	非科学的世界 （百科騒乱の世界）
集団の凝集性	科学者集団を形成	派閥などの社会集団を形成
共約不可能制	あり	なし
ネガティブ・パラダイム	あり	なし

活用のポイント　様々なスタイルのものが同時並列的に妍(わざ)を競う百科騒乱の世界（これを科学が未発達の「非科学世界」ともいう）は、中山茂（1984, p.15）の表現を借りるならば「宝生流もあれば観世流もある」世界である。このような世界では、パラダイムによって集団が成り立っているとはいわない。宝生流には、独自の精神理念や

⓬ パラダイム

風土や価値観があろうが、それが、他の流派（例えば観世流）の存在を根本から否定するようなものでないならば、それは、それぞれの流派が維持している集団凝集的な規範にすぎない。

　これに対して、発展した科学においては、対立する学派が存在しない。なぜなら、科学者は、真理という普遍妥当性を追求するからである。今や天文学において、天動説派と地動説派が共存することはない。地球が動いているか静止しているかについて、真理は一つである。

　新しく確立したパラダイムは、古いパラダイムに対して共約不可能性（相入れない性質）をもつために古いパラダイムを追放するネガティブ・パラダイムが働く。敗北したパラダイム信奉者は、新パラダイムによって出来上がった新たな社会勢力との闘争に破れたのではない。真理をよりうまく説明する戦いに敗れたのである。

　ここに、パラダイム概念の特徴があるわけで、「ものの見方」「考え方」「規範」「価値観」「世界観」などの通説的解釈は適切でない。

▰内的科学史観と外的科学史観

　科学史の研究には「科学史が社会や文化から独立して内的に発展している」とする「内的科学史観」と「科学も社会や文化の影響を受けて発展している」とする「外的科学史観」の対立がある。

　内的科学史観は、科学的に証明された業績の積み重ねで発展するというポパー（Popper, Karl R.）流の客観主義をとるもので、科学的証明が唯一絶対とする絶対主義的科学観ともいえる。

　これに対して外的科学史観は、科学者も「時代の子」であり、科学的証明も相対的な真実であるという相対主義的科学観ととる。例えば、コペルニクスは青年時代をイタリアで過ごしルネッサンスの影響を受けていた。そのコペルニクスが打ち立てた地動説も、ガリレオが木星の惑星を発見して確信を深めたように、望遠鏡という装置がなければ多くの支持者（科学者集団）を集められなかった。地動説も技術の進歩に影響されていたわけで「時代の子」ともいえる。

■■内的科学史観と外的科学史観■■

内的科学史観	外的科学史観
科学は社会や文化から独立	科学も社会や文化の影響を受ける
科学は科学的業績の累積で発展	科学的な証明も相対的な真実
絶対主義的科学観	相対主義的科学観

　パラダイムという概念を持ち込んだクーン（Kuhn, T.）は、パラダイムを「一般に認められた科学的業績で、一時期の間、専門家に対して問い方や答え方のモデルを与えるもの」と定義している。彼は、コペルニクスの研究からパラダイムという概念を発想しており、外的科学史観の持ち主ともいえるが、逆にパラダイムが「一定期間」、内的な科学的発展を保証していると考えた。この意味で、内的科学史観と外的科学史観を統一しようとしたとも考えられる。

▮組織パラダイム

　企業にも組織内で働く人々が共有する**組織パラダイム**（organizational paradigm）とよべるようなものがある。それは、組織文化や社風というよりも、組織の行動を根っこから支えている暗黙の前提のようなもので、市場調査や営業活動の方法、研究開発・製造技術のあり方、会議や文書の隅々にまで染み込んで、すべての知的行動を形成している。

　組織内の成員は、日常の体験を通じて同じ「見方」「考え方」「やり方」を共有しているので、PLAN（考え方）→ DO（やり方）→ SEE（見方）のすべてが特定の組織パラダイムによって支配されている場合、通常のマネジメントサイクルではパラダイムは変革しない。

　例えば、20世紀初頭のフォード社は、西部開拓の名残がある時代背景の下、フロンティア精神、フォーディズム（ヘンリー・フォードの経営理念）、フォードシステム（流れ作業を可能にした技術体系）、生産志向のマーケティングコンセプト、T型フォードの製品コンセプトなどが重層的に絡み合って、独特の組織パラダイムに支配されていたと考えられる。その

ため、市場の声が届かなくなってしまった。

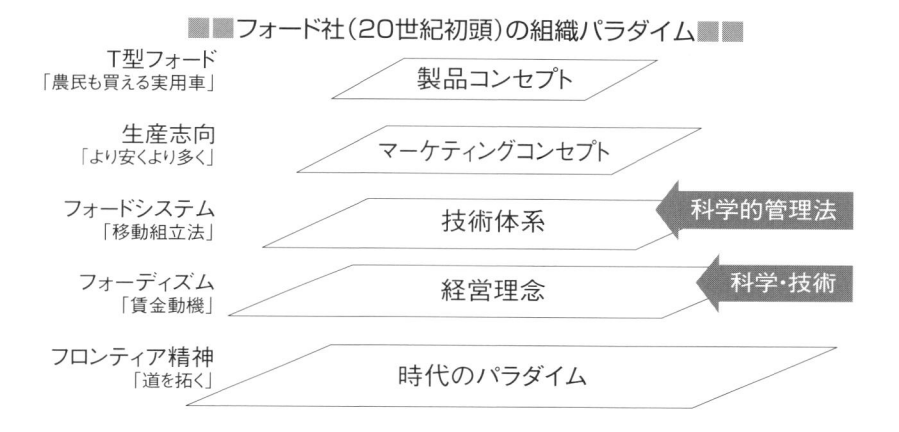

■■フォード社（20世紀初頭）の組織パラダイム■■

T型フォード 「農民も買える実用車」	製品コンセプト
生産志向 「より安くより多く」	マーケティングコンセプト
フォードシステム 「移動組立法」	技術体系　　　⇐ 科学的管理法
フォーディズム 「賃金動機」	経営理念　　　⇐ 科学・技術
フロンティア精神 「道を拓く」	時代のパラダイム

▎権威主義と科学主義

　パラダイムは、重層的な格子構造をもつマトリックスであるため、しばしばパラドックス的なものが内包されていたり、少なくとも二者択一的な選択ができないほど相互関連性をもつ。

　だからこそ、パラダイムはそれを支持する研究者を集め、熱心な証明を求める。それによってパラダイムは強化されるが、逆にいえば、証明され続けなければ崩壊する可能性を内に秘めている。

　ここにパラダイム概念を経営に持ち込む意義がある。パラダイム変革は、常に「真実」の名の下に行われる。それは科学主義的な変革メカニズムであり、社会集団を形成する権威主義と鋭く対立する。権威主義が、その基盤を「権力の追求」に置くとすれば、科学主義は「真実の追究」によって成立する。

　経営における真実は、顧客ニーズや社会ニーズ、市場メカニズムに由来する。それを無視して、社長交代や機構改革を行っても、真のパラダイム変革は実現しない。

13 イノベーションのジレンマ

概要 クリステンセン（Christensen, Clayton M.）は、需要と技術進歩の軌跡を別々に描き、技術革新のペースが需要の増加を上回るときに、「破壊的技術」が「持続的技術」の市場を奪っていくというメカニズムを図式化した。ここでいう「イノベーション」とは「技術」のことで、後から参入した技術が、性能的に劣るにもかかわらず、先発の技術に置き換わってしまう現象を**イノベーションのジレンマ**（The Innovator's Dilemma）という。

■■持続的イノベーションと破壊的イノベーションの影響■■

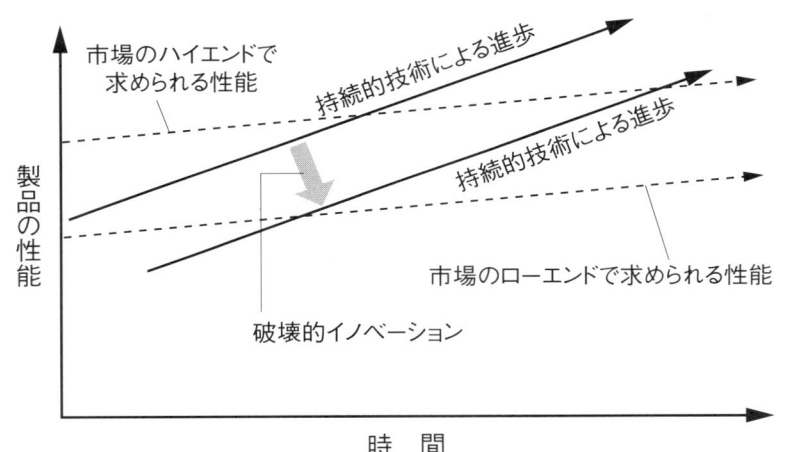

（図：縦軸「製品の性能」、横軸「時間」。市場のハイエンドで求められる性能、持続的技術による進歩、市場のローエンドで求められる性能、破壊的イノベーション）

出典：クリステンセン『イノベーションのジレンマ』翔泳社, 2003, p.10

　メインフレームのかつてのユーザーは、ファイル・サーバーに接続したデスクトップ端末を使っていた。IBMが最初に開発した1953年のディスク・ドライブは5MBだったが、薄膜ヘッド、MRヘッドになって記憶容量は増大した。これは確立された性能向上の軌跡を推し進める「持続的技術」である。容量の増加によって用途は広がったが、市場で求められている処理能力は、それほど大きくならなかった。

⓭ イノベーションのジレンマ

　これに対して、ドライブの小型化を可能にしたアーキテクチャの技術は「破壊的技術」であった。ディスクの直径は、14インチから8インチまで縮小し、ミニコン→デスクトップ→ノートパソコンと製品の小型化が進んだ。

　その結果、多くのメインフレームのメーカーが、パソコンのメーカーによって市場から駆逐されてしまった。このように、技術が市場要件を越えて革新的に進歩する場合に、弱小と見られていた新規参入者が、有力な先発メーカーにとって代わるような現象をイノベーションのジレンマというのである。

活用のポイント　「持続的技術」は、顧客が顕在的で顧客ニーズも市場調査などで測定可能である。また、高性能、高速、大容量など、一定の方向へ進めば付加価値が増すことが明らかなので開発目標が設定しやすく、伝統的なマーケティング手法が通用するため組織的な開発に向いている。

　一方、「破壊的技術」は、誰が顧客か不明で、どのように使われるかも定かではないため、市場規模もわからず、組織的な開発には適していない。しかし、この技術は、シンプルで小型／軽量、薄型など、既存技術（持続的技術）にない特徴をもっている。

　クリステンセンは、この点について明言していないが、「小型／軽量／薄型」が「破壊的技術」に成りうるには理由がある。それは個人ユースに向いていて、技術の普及にともなって製品のコモデティ化が進んだ際に、需要の増大が見込めるからである。トランジスタラジオやウォークマンは、一家庭に1台だったラジオやテープレコーダーを個人所有のものにした。デスクトップは企業に数台だったコンピュータを部門単位の需要に置き換え、ノートパソコンは個人単位の需要に変えた。

　技術的潮流を分析する際には、技術が適応する市場の動向を見極める必要がある。その際、技術者の自己満足に終わることのないように、顧客の側から技術を見直すようにしなければならない。

■■持続的技術と破壊的技術■■

持続的技術＊	破壊的技術
既定の性能向上を進める	持続的技術を破壊する
顧客が顕在的で測定可能	誰が顧客か不明
ニーズが固定的で測定可能	どのように使われるか不明
高付加価値（高性能、高速、大容量）	初期は低付加価値
高価格、高利益率の大規模な市場がある	初期は、低価格、低利益率で大規模な市場なし
複雑な機構、形状は大型	シンプル、小型、薄型
組織的開発が可能	組織的開発に不向き
伝統的マーケティング	不可知論的マーケティング

＊漸進的技術ばかりでなく飛躍的技術も含む

出典：クリステンセン『イノベーションのジレンマ』翔泳社,2003を参考に作図

▌電気ポット市場におけるイノベーションのジレンマ

　日本で保温機能だけの魔法瓶（1912年発売）と、お湯を沸かすだけの電気ケトル（1957年発売）を組み合わせた電気ポットが発売されたのが1979年だとされる。その後、大容量化の一途をたどるが、これはお茶を頻繁に飲む日本人の習慣を前提にしていた。

　大容量であれば、何度も水を汲む手間を省けるからで、タイガーや象印など多くのメーカーが、大型ポットを食卓に据え置くことを前提に、軽く押してお湯が出るエアポンプの開発や、大容量のお湯を保温しながら省エネを両立させる技術競争を展開してきた。これらは、性能向上の目標値が定めやすく、ニーズが固定的で測定可能であり、組織的開発に向いている「持続的技術」といえる。

　また、技術者にとってイノベーションとは、より高度で複雑なものでなければならず、お茶をおいしく飲む適温80℃程度に調節する機能にこだわったり、電気ポットと携帯電話を組み合わせて、離れて暮らす高齢者の安否を確認する機能を付加したりした製品も発売された。

　しかし、消費者の本当のニーズは大容量化でも保温中の省エネでも、保

温温度の調整でもなかった。大容量の電気ポットは置く場所をとるし、水を汲むとき重くて困る。さらに、ペットボトルのお茶が普及した現在、お湯の使用量も減っている。なかには「保温時」の電力消費を嫌い、こまめにポットの電源を切る人もいる。

　この市場に後から参入したティファール社の製品は単純な電気ケトルであるが、コーヒー1杯分のお湯をすぐに沸かせて便利、と評判でシェアを伸ばしている。小型化、軽量化に特化したこの技術こそが「破壊的技術」である。

　技術者にとって電気ケトルのような単純な構造の商品は、やかんと同じく「沸騰」させることしかできないので技術的にも面白くない。100℃近くになって安全性に問題ありと勝手に思い込んできた。不思議なことに、この業界では、電気ポットの最小容量といえば、2.2リットルと設定されてきた。ところが、売れ筋のティファールの電気ケトルは0.8リットルに過ぎない。消費者の本当のニーズは、すぐに沸かせる小容量にあったのである。

▎企業文化との関係

　では、どうしたら破壊的技術を見出すことができるのだろうか。クリステンセンは、①参加者全員が、将来の成長と利益のために重要だと考える環境で、小規模な組織に小さなチャンスを与えることが大切、そのためには、②独立した組織をスピンアウトさせるか、③破壊的技術に取り組む小規模な企業を買収することが有効だとしている。

　スピンアウトした組織や買収した組織を抱え込むには、企業に異質な人々や異文化を受け入れる度量が必要になってくる。異端者が思わぬ市場ニーズを発見するかもしれないが、そうした人々に自由に仕事をさせることができる企業文化が必要になってくるのである。

14 7S

概要

組織の内部分析において有効なフレームワークが、コンサルティング会社、マッキンゼーが開発した**7S**である。組織を変革するとき、7Sを包括的に分析するとよい。

① **Strategy＝戦略**：競争優位の源泉、事業の優先順位
② **Structure＝組織**：基本的な組織形態、分業のあり方、部門間の相互関係・パワー
③ **Systems＝システム**：事業を管理する仕組み
④ **Style＝スタイル**：意思決定の方法、管理者の行動様式
⑤ **Staff＝人材**：組織構成員の人数・職種・職位、採用・育成
⑥ **Skills＝スキル**：組織構成員の能力、組織への蓄積
⑦ **Shared values＝価値観**：自社の存在意義、ビジョン、組織構成員の関心

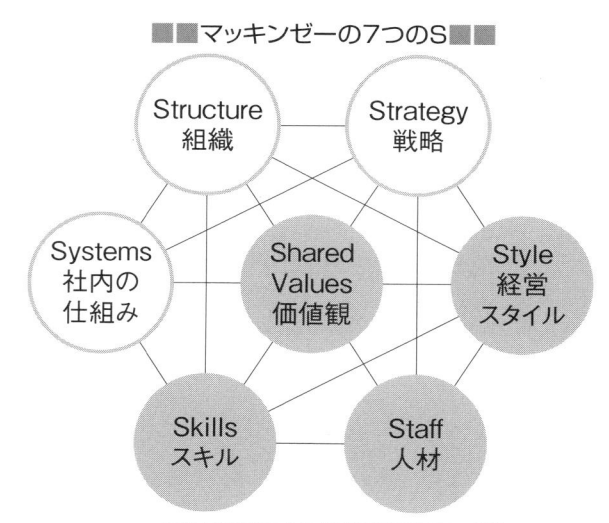

■■マッキンゼーの7つのS■■

出典：相葉宏二『MBA経営戦略』ダイヤモンド社, 1999, p.180

なお、企業の公式的な側面に関する①②③を"ハードの3S"、人など非公式な側面に関する④⑤⑥⑦を"ソフトの4S"という。

⓮ 7S

活用の ポイント　企業の発展のためには、7つの要素がバラバラでなく、有機的に関連していることが大切である。7つの要素のどれが重要かは企業によって異なるが、図の中心に⑦価値観 Shared values があるように、価値観を中心に一体化していることが重要だといわれる。

▎三菱重工業のケース

　三菱重工業は、「この星にたしかな未来を」という理念を掲げ、インフラやエネルギーなど世界の問題を技術で解決することを目指している（⑦ Shared values ＝価値観）。

　従来、モノづくりに偏重した戦略であったが、この理念を実現するために、近年はグローバルにソリューションを提供する戦略をとっている（① Strategy ＝戦略）。

　顧客密着で高度なソリューションを提供するために、2011年に事業所制から事業部制に組織編成を変更した（② Structure ＝組織）。

　それとともに、部門損益を中心に評価する管理システムを導入している（③ Systems ＝システム）。

　コストよりも機能・信頼など品質を重視する方針で、そのために製造現場のオペレーションを重視している（④ Style ＝経営スタイル）。

　技術的に優れた社員を採用し、手厚い技能教育を施している（⑤ Staff ＝人材）。

　要素技術というよりは、製品設計や巨大な製品を作るエンジニアリング能力に優れている（⑥ Skills ＝スキル）。

　かつて三菱重工業は、国家プロジェクトや電力会社など国内需要家を中心に、「困ったら三菱に相談」という存在であったが、今日では、主体的に社会問題の解決を提案する企業に変貌しようと努めている。ただし、グローバル化や顧客志向など、社員の意識改革・行動改革は今後の課題である。

　組織変革では7Sに幅広く対処する。どうしても目に付きやすいハードの3Sが中心になりがちだが、ソフトの4Sに対応することも重要である。

第 **3** 章

成長戦略

　企業が事業領域を拡大して成長するための戦略を成長戦略という。成長戦略は、現状から拡張性があり、利害関係者が企業の長期的な発展の方向性について確信をもてることが望まれる。
　第3章では、成長戦略の考え方とPPMなど代表的なフレームワークを紹介する。

15 物理的定義と機能的定義

概要 　事業ドメインを決定する際に、自社製品の物理的特性に基づくドメインの定義を**物理的定義**という。これに対して、自社製品の機能的特性に基づいて事業領域を定義する場合を**機能的定義**という。

　ドメイン（domain）は、一般的には領土や領地を表し、法的には土地所有権を意味する。転じて、専門分野にも用いられ、医学の分野（domain of medicine）や専門外（out of one's domain）などといわれたり、生物の生育範囲や行動範囲にも使われることがある。これらのことから、経営学では、企業が主として活動する事業領域のことをドメインとよんでいる。

活用のポイント 　このドメインの定義に関して、伝統的には「製品」に基づいて決めるのが一般的である。現在でもトヨタ自動車のように、例えば「自動車」という製品名を企業名とするところが多いのは、顧客にとってもわかりやすいからであろう。

　製品といっても、その物理的定義と機能的定義は異なる。例えば、ティルズが始めた「缶」か「包装」かという議論がある。前者は製品の物理的性質を述べたもので、後者はその機能特性を表現したものである。その際、物理的定義は、現状の事業を追認して定義する傾向があるが、機能的定義は、現在の事業を拡大して将来向かう方向性について示してくれる可能性がある。「缶か包装か」の議論に立ち戻れば、自社の事業を「缶の製造」と物理的に定義すれば、現状の製品（缶）しか作れないが、機能的にパッケージング産業と定義し直せば、紙パック、ペットボトルやフィルム加工の分野にも進出できる。

■マーケティング近視眼

　レビット（T. Levitt）は、米国の鉄道会社の例をあげ、鉄道会社が、

⓯ 物理的定義と機能的定義

鉄道という物理的製品に縛られてドメインを「鉄道事業」にしたために自動車や飛行機との競争に敗れて衰退したとして、事業領域を狭く見てしまうことを**マーケティング近視眼**（marketing myopia）と名づけた。鉄道会社が自らのドメインを「輸送サービス」という製品の機能特性にしたがって定義していれば、別の戦略が見えてきたというのである。

　レビットは、レオ・マックギブナというドリル会社経営者の言葉を引用して「人々は4分の1インチの穴を買うのであって、4分の1インチ・ドリルを買うのでない」と述べているが、これは、製品機能を顧客の観点から見直したものといえる。つまり、製品を顧客が使う手段ではなく顧客が期待する「目的」で示したもので、こうした顧客サイドに立った製品機能を「顧客ニーズ」という。

　これをドメイン論から見直すと、製品や技術は時とともに陳腐化するが、顧客ニーズは相対的に長期間変わらないので、そうした基本的なニーズに基づいて事業領域を設定すべきだということである。

■■■事業の定義■■■

製品による定義	顧客ニーズによる定義
4分の1インチ・ドリル	1分の1インチの穴
鉄道会社	輸送
映画会社	娯楽
石油会社	エネルギー供給
写真フィルム	情報の記録
引っ越しサービス	生活の移植
コンピュータ	問題の解決
ゲーム機器	ゲーム
コピー機械	オフィス事務の合理化

出典：石井淳蔵・奥村明博・加護野忠男・野中郁次郎『経営戦略論（新版）』有斐閣, 1996, p.65

　製品の物理的特性でドメインを定義してしまうと、製品ラインが広がったり業態が多岐にわたったりした場合には支障が起きる。このため、将来

の可能性を考慮して社名から製品名を消す企業もある。例えば、花王石鹸は、石鹸以外の製品に進出したために「花王株式会社」と社名を改めた。企業はドメインを公表する必要はないが、花王のドメインは「界面科学、油脂科学、高分子化学、生物科学、応用物理の基礎を掘り下げ、応用の幅を広げる」と定義されるといわれる。

■アート引越センターのケース

　アート引越センターは、1968年に寺田運輸として創業したが、1977年に「アート引越センター」に社名を変え、電話番号を「0123」に統一した。当時は、電話帳で引越サービスを探すことが多い時代だったため「あいうえお」順で最初にくる「アート」という社名であったことも幸いして、引越サービス業というドメインで躍進し、1984年には売上高で100億円を達成した。

　さらに、80年代後半には、自動車の輸入販売と車両のメンテナンスやギフト商品、家電製品など物品販売にも事業範囲を広げたために、90年には、社名から「引越」の文字を消し、商号を「アートコーポレーション株式会社」に変更した。

　ところが、1992年頃から中核事業である引越しサービスの問い合わせが減り、翌93年には売上高が大きく落ち込んだ。このことに驚いた寺田社長は、1993年春から週末に営業マンとともに顧客を訪問したが、訪問2軒目の東京都内のマンションで「アートコーポレーションって、アート引越センターのことですか」という質問を受けた。

　社名変更後は、アートコーポレーションの名前を使って、テレビや新聞で盛んにCMを流したが、引越しを望む顧客に新社名をPRしアプローチしたいのに、肝心の顧客には浸透していなかったのである。「アートコーポレーション」では、アートギャラリーや芸術関係の会社なのかとも誤解されてしまう可能性もある。アート引越センターは、社名はそのままにしながらも、引越しサービスを全面に打ち出して復活したが、この事例から学ぶべきことは大きい。

　コトラー（Kotler, P.）は「キャンデー会社→菓子会社→軽食会社→食

⑮ 物理的定義と機能的定義

品会社」と、製品の定義が抽象的な概念に移行していく以下のような図を示して、ドメインを規定する場合に現有製品から出発して、順次、段階を経て事業を拡大すべきだと主張している。

■■製品の抽象化によるドメインの拡張■■

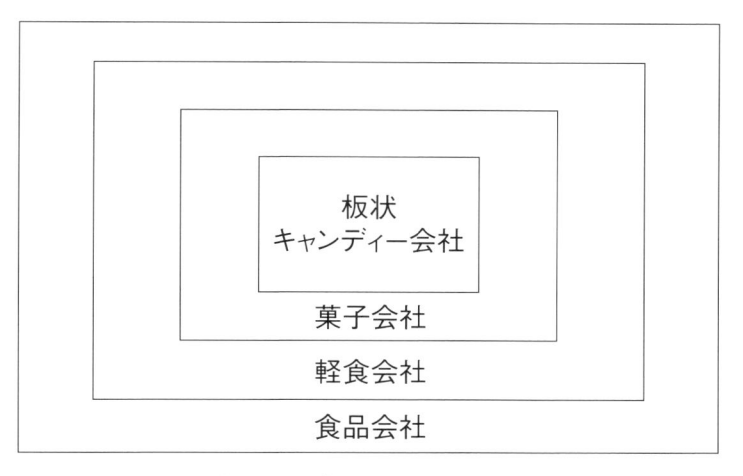

```
┌─────────────────────────────────┐
│                                 │
│    ┌───────────────────────┐    │
│    │                       │    │
│    │   ┌───────────────┐   │    │
│    │   │     板状       │   │    │
│    │   │ キャンディー会社 │   │    │
│    │   └───────────────┘   │    │
│    │         菓子会社        │    │
│    └───────────────────────┘    │
│            軽食会社              │
│                                 │
│            食品会社              │
└─────────────────────────────────┘
```

出典：P.コトラー『マーケティング・マネジメント』プレジデント社, 1983, p.33

　ドメインを決定することは、将来進出しようとする事業領域を定義することであり、事業の定義は戦略思考の出発点であるとともに、常にそこへ戻っていかなければならない戦略論の基本といわれている。

　その際、製品の物理的特性を重視するのか、機能的特性を重視するのかは難しい問題でもある。鉛筆メーカーが自社の事業を「情報伝達産業」だと定義してしまうと広すぎてしまう可能性もある。また、この物理的定義と機能的定義に基づくドメイン論は、意味論に陥るという批判もあるので注意したい（→「17．製品・市場マトリックス」p.62 参照）。

16. 3要素によるドメイン定義

概要

エーベル（Abel, D. F.）は、ドメイン（企業の生存領域ともいえる事業領域）について、(1) どのような顧客層（who）に対して、(2) どのような顧客機能（ニーズ）（what）を、(3) どのような技術（how）を用いて提供するかによって、決定されるとしている。

エーベルの**3次元モデル**の特徴は、ドメインを空間的な広がりによって示すことができるようにしたことである。このことによって、ドメインを図式化して具体的にイメージすることが可能になった。

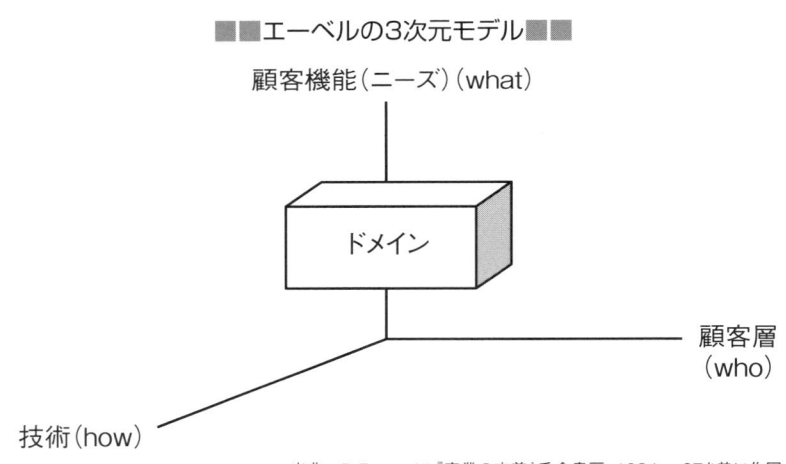

■■エーベルの3次元モデル■■

顧客機能(ニーズ)(what)

ドメイン

顧客層(who)

技術(how)

出典：D.F.エーベル『事業の定義』千倉書房, 1984, p.37を基に作図

活用のポイント

顧客と機能（ニーズ）と技術の3つの軸は、互いにある程度独立して決められるので、顧客層、顧客機能（ニーズ）、技術の3つの次元をそれぞれ「変える」か「変えない」かによって、7通り（8通りの組み合わせから現状を引いた数）の検討が可能になる。

しかし、ドメインを決定する際、少なくとも、各要素の一体感（関連性）

⑯ 3要素によるドメイン定義

と事業の拡張性という2つの側面から検討しなければならない。顧客層／顧客機能（ニーズ）／技術が相互にマッチして一体感（関連性）がない領域は事業として成り立ちにくい。また、相互関連性が強くても、選択した事業領域が拡大する可能性がなければ成長は期待できない。

■■事業の再定義の代案■■

戦略	広がり（ないし差別化）		
	顧客層	機能	技術
1	そのまま	そのまま	変える
2	そのまま	変える	そのまま
3	変える	そのまま	そのまま
4	そのまま	変える	変える
5	変える	変える	そのまま
6	変える	そのまま	変える
7	変える	変える	変える

出典：石井淳蔵・奥村明博・加護野忠男・野中郁次郎『経営戦略論（新版）』有斐閣, 1996, p.87

▶ブックオフのケース

ドメインを決めるということは、ビジネスで戦う戦場（battle field）を決定するようなものである。ブックオフは、古書店と同じようなビジネスを展開しているようだが、エーベルのドメイン定義にしたがって分析してみると、古書店とはまったく違う戦場を選んでいることが見えてくる。

第一に、古書店は、学者、研究者、読書家、古本収集家のようなマニアが顧客層であるのに対して、ブックオフは、若者や主婦を含めて一般的な顧客層を対象にしている。

第二に、古書店は、希少本やレアモノを手に入れたいというコレクターニーズに対応しているのに対して、ブックオフは、扱っている商品も本だけでなくゲームソフトやDVDもあり、古書店では厳しく制限されている立読みも許される。ここで対照的なのは、古書店で買った本は家に「置いておきたい」というニーズに基づいているのに対して、ブックオフは、家

にあまりたくさん「置いておきたくない」コミックやゲームソフトを売って処分したいというニーズに対応しているということである。

　第三に、古書店は、希少本を探して鑑定する目利きのノウハウや、独自のネットワークを通じて価値の出る本を収集するノウハウをもっているが、ブックオフは、逆に、買取価格を一律に標準化して、アルバイトでもできるようにしているところに技術的な特色がある。また、買い取った本をグラインダーで洗浄して再販するような技術ももっている。

　このように、エーベルの３次元で自社ドメインを検証すると、事業活動を展開する領域だけでなく、競合する企業との関係についても整理することができる。

■■■古書店とブックオフのドメイン比較■■■

	古書店	ブックオフ
顧客層	研究者、読書家、マニア	一般（若者、主婦も含む）
ニーズ	希少本検索、コレクターニーズ	ゲーム、コミック、立読み
技術	目利き、収集ノウハウ	買取価格標準化、洗浄技術

　古書店のビジネスは、コレクターに希少本を独自の目利きで売るという一体感（関連性）が高いが、その顧客層は限られているし、需要の拡大も見込めない。他方、ブックオフのビジネスは、増えるコミック本やゲームソフトを回転させて楽しみたいという若者のニーズにしっかり応えていて事業の拡大が期待できる。ドメインは、少なくとも、一体感と拡張性が大切と述べたが、古書店とブックオフのケースを見ても、そのことがよくわかる。

▶特化戦略と差別化戦略

　エーベルは、特定の顧客層、顧客機能（ニーズ）、技術に焦点を合わせた「特化戦略」、３次元の一つあるいはすべてで差別化をはかる「差別化戦略」をあげている。この点に関して、日本を代表する自動車産業と電機

産業を比較しながら、見てみたい。

　顧客層（who）について、自動車メーカーは、基本的に一般消費者（個人）を対象にしてきたが、電機メーカーは、一般消費者以外に、電力会社や電話会社や鉄道会社など大口ユーザーも相手にしてきた。

　顧客機能（ニーズ）（what）では、自動車はあくまで四輪のクルマであったが、電機メーカーは、テレビ、VTR、コンピュータ、半導体、携帯電話と次々に主力商品を変えてきた。

　技術（how）について、自動車ではトヨタのカンバン方式のような製造技術や調達システムが発達したが、電機では組み立て技術とともに半導体生産のような装置産業化も顕著になった。

　以上から、自動車メーカーは、電機産業に比べて、3次元に焦点をあてた特化戦略をとれたが、それは、自動車が必需品として持続的な代替需要が期待できる上に、単価が高く、既存のメーカーが生き延びるだけの規模であったためである。

　一方、家電メーカーは、各製品の単価が相対的に安く、常に需要の一巡という壁と戦わなければならなかった。新しい製品を次々に投入するために顧客機能（ニーズ）を見直し、拠るべきコア技術を追い求めて差別化をはからなければならなかった。

　このように、ドメインの広がりは産業の規模や成長性、あるいは、顧客の購買行動によって異なるのである（→「23．3つの基本競争戦略」p.86参照）。

17 製品・市場マトリックス

概要　アンゾフ（Ansoff, H. I.）は、製品・市場という基準をもとに企業が選択すべき事業領域とその戦略を4つのマトリックスで提示した。これは、製品分野と市場分野の組み合わせを決定して、市場の変化に適応し、企業を成長に導くモデルで、企業の成長の方向性（ベクトル）を示すので「**成長ベクトル**」「**成長マトリックス**」ともよばれる。

① **市場浸透戦略**：現行市場に対して現有製品でシェアを拡大していこうという戦略。価格を引き下げたり、広告宣伝を強化したり、販売拠点を増やすなどのマーケティング努力が有効。

② **製品開発戦略**：現行市場に対して新製品を投入していく戦略で、新機能の追加、モデルチェンジ、製品改良などがある。

③ **市場開発戦略**：現有製品を新規市場に投入して市場を開拓していく戦略で、海外市場への展開、ベビーオイルを女性用に売り込んだりする場合などがある。

④ **多角化戦略**：新規市場に新製品を投入して市場を開拓していく戦略で、アンゾフはこの多角化戦略は既存の市場や製品を利用できない分だけシナジー効果が低くリスクが高いとしている。

■■成長ベクトルの構成要素■■

市場＼製品	現	新
現	市場浸透	製品開発
新	市場開発	多角化

出典：H.I. アンゾフ『企業戦略論』産業能率大学出版部 , 1969, p.137 を一部修正

17 製品・市場マトリックス

活用のポイント

　ドメイン論の弱点は「言葉の定義」をめぐる意味論になってしまうことにある。製品か顧客ニーズか、あるいは、その物理的定義と機能的定義かというコトラーやレビットの二元論では、経営者に二者択一を迫るだけで、動態的に事業転換をはかろうとする企業経営者にヒントを与えることはできない（→「15．物理的定義と機能的定義」p.54 参照）。

　アンゾフのモデルの特徴は、製品・市場という基準をもとに企業が選択すべき事業領域とその戦略を4つのマトリックスで提示したことで、ドメイン変更にヒントを与えることができることである。

　キヤノンは、カメラからコピーやプリンタ、オフィス関連事業に、製品も市場の幅も拡大し、4兆円を超える売上を記録した。一方、ペンタックスは、カメラ事業に留まった結果、売上も1,500億円で低迷して、結局HOYAに買収されてしまった。製品・市場マトリックスは事業をどう見るかというドメイン拡張の理論でもある。

▍PLCとの関係

　製品・市場マトリックスは、製品ライフサイクルとの関係で見てみるとわかりやすい。つまり、「市場浸透」は成熟期になってからでは難しく、成熟期になると、「製品開発」や「市場開発」が必要になってくる。また、「多角化」は、既存商品の需要が期待できない衰退期の戦略ともいえる（→「8．製品ライフサイクル」p.28 参照）。

■■製品ライフサイクルと成長ベクトルとの関係■■

PLC	可能性の高い戦略	具体例
導入期	市場浸透	広告宣伝で知名度を上げる
成長期	市場浸透	販売拠点を増やしてシェア拡大
成熟期	製品開発、市場開発	モデルチェンジや新規顧客獲得
衰退期	多角化	まったく新しい分野に進出

第3章　成長戦略

しかし、製品・市場マトリックスは、次に述べるように、技術との関連も深い。PLCをそのまま当てはめるのではなく、関連技術の活用も考えて行うべきである。

▚技術開発と用途開発
　「製品開発」は、スタイルを表面的に変える単なるモデルチェンジではなく、新製品開発のために技術上の改良が必要である。そのため「製品開発」には「技術開発」がともなう。また、「市場開発」は、既存の製品や技術を活用して新しい用途（顧客ニーズ）を獲得することで、一般には「用途開発」といわれている。「多角化」とは、ある日、突然、新製品が新市場に投入されるのではなく、両者、つまり「技術開発」と「用途開発」の組み合わせで、両者から水平方向と垂直方向の事業展開が見えてくるものである（次頁の「新潟県燕市のケース」参照）。

▚アンゾフのマーケティング理解
　アンゾフは技術の関連だけでなく、マーケティングの活用もあげている。例えば、自動車メーカーがオートバイを発売するケースなど、関連技術を使ってほぼ同じ市場（顧客）に対する「水平型多角化」でも、マーケティングのノウハウが重要だと指摘している。
　また、類似の顧客に対する「集中型多角化」には、技術関連がある場合（自動車メーカーが農業用トラクターを売る場合）と、ない場合（自動車メーカーが小型コンピュータを売る場合）があるが、いずれもマーケティング面のシナジー効果が必要だと主張している。
　しかし、アンゾフは、マーケティングを「製品受容（product acceptance）の創造」と理解していた。これは販売概念に近いもので、彼のいうマーケティングは、販売ノウハウやチャネルの活用を意味している（→「18．多角化の成長ベクトル」p.66、「40．シナジー」p.146参照）。

❶ 製品・市場マトリックス

▰新潟県燕市の産業変遷のケース

　この地域では、江戸の初期、相次ぐ水害で疲弊した農家を救済するために、和釘（わくぎ）造りが奨励され、最初の工業が興った。この和釘の生産は、江戸の町の需要に応え「釘鍛冶（くぎかじ）千人」といわれるまでになった。ところが、明治時代に入り、洋釘の渡来により打撃を受ける。

　しかし江戸時代の中期に、鎚起銅器の技術がもたらされていたこともあり、その鍛金技術を活用することにより、和釘製造から銅器、キセル、矢立、ヤスリなどの製造へとドメインを転換した。これは、鍛金技術をコアにした「用途開発」がなされたということである。

　しかし、時代が進むにつれ、キセルは紙巻煙草に、矢立は万年筆に取って代わられ、銅器もアルミニウム製品に変化して、燕市の製品に対する需要は減少してしまった。その中で、大正初期に始まった洋食器の製造はステンレス鋼との出会いもあり、この地域の主要産業に発達して「洋食器の街・燕」として世界的に知られるまでになった。

　現在では、鎚起銅器などの伝統技術を大切に保存しながらも、先端技術を積極的に取り入れ、革新的な創造力でゴルフクラブ・医療器具・自動車部品・精密機械部品・農業機械・除雪機械・金属ハウスウエアなど、様々な分野への転換が進んでいる。つまり、既存技術を使ってフォークやスプーン、ナイフなどの食器製造に移ったが、その過程でプレスや研磨という新技術を獲得し、最近はチタン合金製のゴルフクラブなどを製造している。ここで見られるのは「技術開発」である。

　アンゾフのモデルは概念的なフレームワークであるが、個別のケースを見ると、このように、既存技術をベースに新用途を開発し、新しい用途にあった新技術を獲得していく「既存技術」→「用途開発」→「技術開発」というステップがしばしば見られる。

第3章　成長戦略

18. 多角化の成長ベクトル

概要 企業は、既存事業が成熟化したときなど、多角化を目指す。経験の蓄積がある既存事業と違って、多角化には大きなリスクを伴う。そこで、リスク軽減のため、シナジー（→「40.シナジー」p.146参照）を意識して新しい事業領域を選定する。

既存市場・製品とシナジーとの関連から多角化戦略の方向性を整理したのが、アンゾフが考案した**多角化の成長ベクトル**である。

■■多角化における成長ベクトル■■

顧客＼製品	新製品		
	技術関連あり	技術関連なし	（高）
同じタイプ	水平型多角化		シナジー
従来とまったく同じ顧客	垂直型多角化		
類似タイプ	集中型多角化		
新しいタイプ		コングロマリット型多角化	（低）
	（高） シナジー （低）		

（左軸：新しい使命（需要））

出典：H.I.アンゾフ『企業戦略論』産業能率大学出版部, 1969, p.165を一部修正

上図のように、関連型多角化として、**垂直型多角化・水平型多角化・集中型多角化**がある。非関連多角化として、**コングロマリット型多角化**がある。

⓲ 多角化の成長ベクトル

活用のポイント

企業が多角化を目指す動機には、一般に次の4点があげられる。

① 既存事業の停滞による収益減少を防ぐ
② 未利用の経営資源を活用する
③ 事業リスクを分散する
④ シナジー効果を追求する

　自社の状況や経営目標などを勘案し、4つの動機から水平型多角化・垂直型多角化・集中型多角化・コングロマリット型多角化を選ぶ。

　水平型多角化は、横展開の多角化である。テレビを製造している家電メーカーがDVD製造に進出するような場合を指す。既存製品と新規製品で対象となる市場は、同一ないし類似している。

　垂直型多角化とは、縦方向の多角化で、バリュー・チェーンの川上あるいは川下に事業を展開する場合である。カジュアル衣料の小売店だったファーストリテイリングが川上の衣料品製造に進出し、SPAに変貌したのは垂直型多角化である（→「28. バリュー・チェーン」p.106 参照）。

　集中型多角化は、従来、製造ないし販売していた既存製品の対象顧客と技術について、片方または両方を利用し、新規製品の製造・販売に進出する多角化である。トヨタは、自動車の製造技術と強力なディーラー網という資源を活用し、住宅事業に進出した。

　コングロマリット型多角化は、従来の製品・サービスが対象としていない市場への進出、あるいは製造のための技術・ノウハウが生かせない分野への進出をはかる場合である。化学繊維メーカーだった旭化成が繊維市場の成熟化に対応し、ドイツのヘーベル社から気泡コンクリートの整形技術を導入して1980年代に住宅事業に進出したのは、代表的な事例といえる。

第3章　成長戦略

19 PPM

概要

PPM（Product Portfolio Management）は、1971年にボストン・コンサルティング・グループ（以下BCG）により提唱された、経営資源配分についての理論である。

PPMでは、規模の経済性が働く事業を前提としているが、下図のような図を作成し、横軸には事業別に相対的な市場シェア（通常とは逆で左の方が市場シェアが大きい）を取り、縦軸には、その事業が入る市場の成長性を取って、事業をプロットする。そして、事業を4象限に分類し、それぞれ左下が「金の成る木（Cash Cow）」、左上が「花形（Star）」、右上が「問題児（？）」、右下が「負け犬（Dog）」と名前を付けられた。金の成る木ではキャッシュが生み出されるが、将来性が見込めないので、その事業から生まれたキャッシュを花形事業や問題児事業に振り向け、次世代の事業の柱を育てようという考え方である。そして、将来性が見込めない負け犬事業からは撤退しようと提唱した。

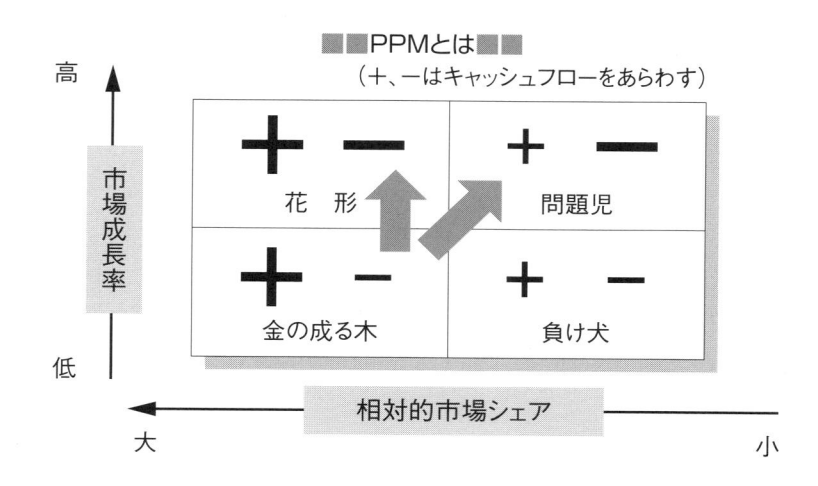

■■PPMとは■■
（＋、－はキャッシュフローをあらわす）

	花形 ＋ －	問題児 ＋ －
	金の成る木 ＋ －	負け犬 ＋ －

市場成長率：高←→低
相対的市場シェア：大←→小

⑲ PPM

> **活用のポイント**

経営戦略は、成長戦略、経営資源配分戦略、事業戦略に分かれるが、PPMは経営資源配分戦略について理論的フレームワークを示した。PPMの縦軸、横軸には下図に示すように、それぞれ意味がある。まず縦軸であるが、通常事業は、S字曲線と呼ばれる事業の成長カーブを描いて発展していく。すなわち、はじめは「導入期」で市場規模は小さいが、その有用性が市場に認められ製品開発が進むと「成長期」に入り急速に市場が拡大する。そして、一通り市場に行きわたるとその後「成熟期」を迎え、新しい代替製品が現れると最終的には「衰退期」を経て寿命を終えていくという発展段階である。

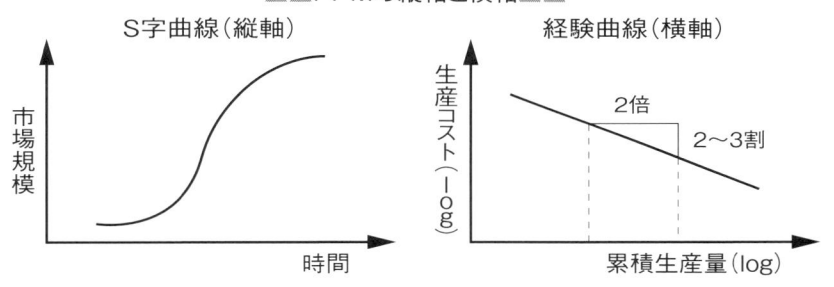

■■■PPMの縦軸と横軸■■■

S字曲線（縦軸）　　　　経験曲線（横軸）

縦軸：市場規模／横軸：時間

縦軸：生産コスト（log）／横軸：累積生産量（log）／2倍で2〜3割

この考え方を前提に置くと、事業の成長段階で大幅な設備投資や販売網構築などのお金が必要になる。そして、この時期に市場シェアを確保できるとその後のシェアが安定するので、市場のメジャープレーヤーとして残ることができる。そのため、市場の成長性が高い花形事業や問題児事業に投資のためのキャッシュを振り向けたいわけである。

一方、横軸であるが、経験曲線（Experience Curve）とよばれる製品コスト低減の法則が背景にある。つまり、製品の累積生産量が増えると、製品の単位コストが下がるという理論で、経験値から累積生産量が2倍になると、単位生産コストが2割〜3割下がるといわれている。これは、作り続けるうちに生産設備の改善・改良や自動化、部品の改良、材料費の低減、生産地の移転など、もろもろの努力によって生産コストが下がる。メーカーの人たちに「どこまでコスト削減を続けるのですか？」と問えば「永遠にです」と答えが返ってくる。そのような努力があるので、累積生産量

が増えることにより生産コストが低減するのである。例えば、エアコンはかつて1台20万円位であったが最近では2〜3万円のものが出ていて、機能も問題ない。販売価格が十分の一になってしまっているのである。

　このように経験曲線が働くということは、より多く作ったメーカーの方が単位コストが安いことになり、より儲かるということになる。PPMの横軸の相対的市場シェアとは、シェアの一番大きな競合と比べて何倍かというもので、いってみれば相対的なコスト差を示していることになる。

　市場が成熟期に入り、成長性は落ちているもののマーケットシェアが大きな事業は、キャッシュを生み出すことができる。しかし、将来性は乏しいので、そこで生まれるキャッシュを伸び盛りの事業に振り向けようというのがPPMの基本的な考え方である。

　この理論が発表された当時の米国では、事業ごとのROA（総資産利益率）などで個別に評価されることが多かった。そのため、市場の成長性が高い事業でも現在の利益率が低いために十分な投資が行われず収益機会を逃すことがあった。PPM理論は、会社全体としての資源配分を考えるべきであるというメッセージを提起したのである。

　PPMはもう一方で、事業の動態的発展プロセスに論拠を与えている。すなわち、成長性の高い市場に後から参入すると会社の中では問題児扱いとなるが、この事業に経営資源を傾斜配分し、強化してこの事業を花形に育て上げ、市場が成熟してきたら最終的には金の成る木にして、また次の事業を育てるシナリオである。もし仮に問題児をうまく育てられなくて負け犬になってしまったら、その事業からは撤退する決断が必要となる。

　PPM的な発想の例としては、ホンダは、バイクメーカーだった頃、北米向けの大型バイクで儲けることができたが、大型バイク市場はオイルショックなどで先が見えていたので、そのお金で小型乗用車を開発し、乗用車市場に参入したといわれている。ただ、日本の他のメーカーを見ていると、金の成る木に相当する事業なのに、相変わらず競合と価格によるシェア争いを続けていて、金の成らない木にしてしまっている例が散見される。

　PPM上のポジションによって求められる人材が異なることにも留意する必要がある。金の成る木には管理者タイプの人材でもよいが、問題児や

花形事業には前向きで積極的なタイプが向いている。また、負け犬事業には、逆転劇を演じられるような人材か、思い切って敗戦処理を行えるような人材が必要である。

このようにPPMは理論的な完成度が高いフレームワークだが、以下に示す欠点があるとされている。まず、事業のくくり方が難しい点である。製品単位であればシェアも出せるが、複数の製品ラインを抱える事業部のシェアというのは出せない。また、製品ラインが多いと、必要な指標を出し続けるには多くの時間と費用を要する。

また、負け犬に分類された事業に従事する人たちのモラールダウンが大きな問題である。誰しも自分の従事している事業に、こともあろうに「負け犬」というレッテルは張られたくないであろう。ある会社では、負け犬事業に分類された人たちが奮起して、逆にその後業績がよくなったという話もある。単純に指標だけで決断できない要素もあるのである。

PPMのもう一つの欠点は、新規事業発掘は行えないということである。PPMはあくまでも既存事業の分類なので、そこからどのような新規事業をやったらよいかというヒントは出てこない。新規事業発掘には別のフレームワークが必要である。

戦略立案フレームワークで万能なものはない。それぞれ有用性と欠点を加味して目的に応じて使うようにしたい。

■■■PPMの問題点■■■

①事業のくくり方が困難
　…大きすぎる（例えば、事業本部や子会社レベル）と成長率・シェアの測定が困難になる
　…小さすぎる（個別製品）と測定上のコストが莫大になる
②モラールダウンの概念
　…「負け犬」（場合によっては「金の成る木」も）に位置づけられた事業単位の従業員のモラールダウン
③新規事業の発掘・育成が困難
　…PPMはあくまでも、現存の事業に対する評価であるため、新規事業発掘・育成のヒントにはならない

20 M&A

概要

　企業の成長戦略の方法として、M&Aによる外部成長がある。M&A（Merger & Acquisition：合併・買収）は、外部の企業・事業を自社に取り込むことによって事業領域を拡張する戦略である。

　企業は、M&Aによって未知の領域での事業展開に伴うリスクを軽減できるとともに、「M&Aは時間を買う」とよくいわれるように、一から事業を創造するときに比べて時間を短縮できる。競争戦略の効果として、M&Aは、規模の経済性、ブランド力の向上といった効果が期待できる。

　また、「Too big to fail（大きすぎて潰せない）」と揶揄されるように、大企業には政策的な支援が期待できることから、経営不振に陥った企業がM&Aで規模拡大することによって、企業の寿命を延ばす効果があることが確認されている。

　アメリカ公正取引委員会（FTC：the Federal Trade Commission）は、M&Aを目的別に下表のように分類している。

■■ FTCによるM&Aの分類 ■■

分類	内容
垂直型合併	供給業者や顧客を買収
水平型合併	競合企業を買収
製品拡張型合併	M&Aによって既存製品を補完する製品ラインを獲得
市場拡張型合併	M&Aによって新たな市場を獲得
コングロマリット型合併	買収企業と被買収企業の間に戦略的関連性なし

出典：J.B. バーニー『企業戦略論（下）』ダイヤモンド社, 2004, p.181 を一部修正

　最近は単純な買収・合併だけでなく、**持ち株会社**方式による緩やかな統合でグループ再編を進める動きが広がるなど、M&Aの手法は多様化して

⑳ M＆A

活用の ポイント

世界では金融業界を皮切りに様々な業種でM＆Aの嵐が吹き荒れている。日本企業の成長戦略においては、自社内部の経営資源を展開する内部成長が主体であった。日本企業は、長期間かけて人材・技術など内部の経営資源を蓄積し、展開するのを得意とすることが多く（→「3．理想に至る2つの経路」p.6 参照）、M＆Aからは距離を置いていたのである。

しかし、2000 年以降、日本でも成長戦略にM＆Aを取り入れる企業が増えている。これは、近年、事業のリスクが増大してM＆Aによるリスク軽減と時間節約の効果が増していること、カネ余り、金融市場の発達、関連法規の整備で、M＆Aが利用しやすくなっていることなどの事情による。最近は、グローバルなM＆Aが容易になり、成長戦略を考える上で、M＆Aは欠かせない検討課題になっている。

▰日本電産のケース　M＆Aによる成長の加速

日本ではまだ珍しい、M＆Aで成長戦略を加速させている企業として、日本電産をあげることができる。

日本電産は、永守重信社長が 1973 年に創業し、一代で売上高 7,000 億円近い大企業に発展している。特に90 年代後半からM＆Aを本格化し、事業規模・事業領域を拡大している。コパル（現・日本電産コパル）、三協精機製作所（現・日本電産サンキョー）など、経営危機に陥ったモーターメーカーを次々に買収している。

モーターは、完成品メーカーからの注文を受けて生産する受注品で製品の種類も非常に多いことから、特定の需要に対応することで事業展開する小規模な企業が乱立している。日本電産は、規模が小さく経営力に劣るメーカーをM＆Aによって次々と傘下に収め、グループとしてモーターの品揃えを増やすとともに、規模の経済性でコストダウンを実現している。日本電産のM＆A戦略の結果、小規模な弱小企業が乱立する分散型事業だったモーター業界は、規模型事業へと変貌しつつある（→「10．アドバン

テージ・マトリックス」p.36 参照)。

　日本電産のM＆Aの特徴は、経営不振に陥った会社を安い価格で買収し、人員削減を行わずに経営を立て直し、企業価値向上に成功していることである。永守社長が買収先に乗り込んで、陣頭指揮で改革を進めていることが知られている。永守社長は各種メディアで、まず従業員のお辞儀の仕方からたたき直すなど、徹底した現場主義で従業員の意識改革をすることが成功の秘訣だと主張している。

■ソフトバンクのケース　M＆Aによる参入障壁の打破

　M＆Aは、参入が難しい領域分野で事業を始めるアプローチとしても有効である。日本電産とともにM＆Aによる成長戦略で注目されるのがソフトバンクである。

　ソフトバンクは、孫正義社長が1980年にコンピュータの卸売を始めたのが始まりである。90年代からは、IT分野で事業を拡張し、米ヤフーへの出資など積極的なM＆Aで急成長した。そして、2006年にボーダフォン日本法人を1兆7,500億円で買収し、携帯電話事業に進出している。

　携帯電話事業は、総務省による電波割り当てや基地局への投資など参入障壁が極めて高く、事業者数は限られている。2006年の時点で日本市場での携帯電話の普及は飽和に近づいていること、NTTドコモが6割の圧倒的シェアを握っていることから、新規参入して事業を軌道に乗せるのは不可能だといわれていた (→「9. ファイブフォース分析」p.32 参照)。

　ソフトバンクは、2005年に系列企業のBBモバイルを通して周波数割り当てを申請し、総務省から認可を得た。しかし、参入はできても、ゼロから事業規模を確保するのは難しい。そこで当初の方針を転換し、2006年、日本市場から撤退するボーダフォンを買収し、携帯電話ビジネスを手に入れた。こうしてソフトバンクは、M＆Aによって参入障壁の打破と事業規模の確保という携帯電話ビジネスの最大の課題を克服したのである。

■M＆Aを成功させるには

　このように、M＆Aは広く注目を集めている。しかし1990年代後半からM＆Aを繰り返したメガバンクがその後あまり振るわないように、多くの実証研究によると、M＆Aによって企業価値向上に成功した企業は少数派で、むしろ企業価値を毀損することが珍しくない。原因としては、買収価格の評価を誤ったり、買収後の統合作業に手間取ったりすることが指摘される。

　したがって、M＆Aを成功させるには、次の点に留意するとよいであろう。

　第一に、既存の事業と買収する事業のシナジーを意識し、シナジーを実現しやすい事業を買収することである。業種・業態・事業プロセスなどが異なる事業とのM＆Aでは、シナジー効果がなかなか実現しない。一方、インドのミタルがM＆Aを繰り返して短期間に世界一の鉄鋼会社になったように、鉄鋼など規模型事業で生産方法などが似ている場合、シナジーを実現しやすい（→「40．シナジー」p.146参照）。

　第二に、適正価格で買収することである。買収することが目的化し、「どうしても買いたい」と思うと、評価額に高いプレミアムを付けてしまうことがある。当然、適正価格よりも高く買うと、買収効果を実現するのは難しい。日本電産が実践しているように、経営不振の企業を救済するのが、"高値掴み"を避けるのに有効だ。そのためには、冷静に買収のチャンスを待つとともに、事前に綿密に**デューデリジェンス**（Due Diligence：買収監査）を実施して、リスクを管理することが大切になる。

　第三に、買収後の統合作業（PMI：Post-Merger Integration）を計画的かつ徹底的に行うことである。企業の文化・資源・事業プロセスの違いなどからPMIがうまく進まない事例をよく見受けるが、PMIの計画を綿密に策定するとともに、強力なリーダーシップをとって進めることが大切である。

21 撤退戦略と撤退障壁

概要

事業には一定の寿命がある。PLC の衰退期に入った事業から撤退する一方、新規事業を展開し、重層的製品ライフサイクルを実現することが、長期的に成長するために必要である。

■■重層的製品ライフサイクル■■

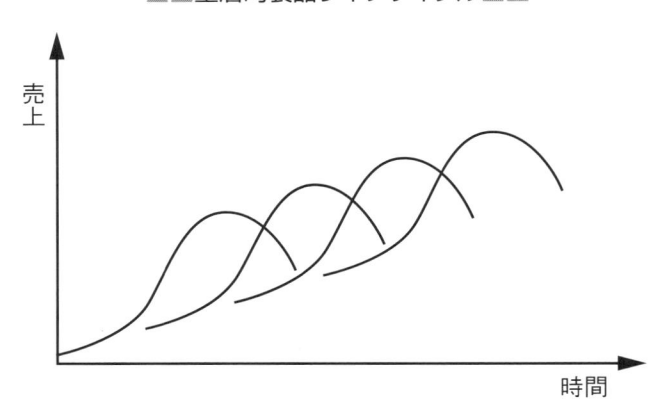

出典：日沖健『戦略的事業撤退の実務』中央経済社, 2010, p.231

日本では、一度始めた事業からは、なかなか撤退できない企業をよく見受ける。本来撤退が必要なのに、撤退が進まない要因を**撤退障壁**という。ポーターは、撤退障壁として次の6つをあげている。

① 耐久性のある専門特化した資産
② 撤退コスト
③ 戦略的要因
④ 情報要因
⑤ 心理的要因
⑥ 政府や社会の制約

事業撤退の動機

事業撤退の動機には、以下の4つがあげられる。

① **需要が減退した場合**→携帯電話に代替されたポケベル

② **市場はあるが、競争力を失った場合**→サムソンなど韓国企業に敗れた日本の半導体メーカー

③ **需要も競争力もあるが、戦略的理由による場合**→ソリューションビジネスに集中するためにPCハード事業から撤退したIBM

④ **事業の使命が終了したなど、その他の理由**→建設会社のJV

従来は、①②の理由で行き詰まり撤退するのが普通だった。しかし、近年はビジョンや事業ドメインを見直すために、③で主体的に撤退に取り組む企業が増えている。

事業撤退の判断

事業撤退は、定量的な要因と定性的な要因から総合的に判断する。定量的な要因とは、撤退という意思決定によって企業価値が増加するかどうか、という評価である。一方、定性的な要因とは、その事業、自社が目指すべきビジョン・ドメインと合致しているか、という評価である。

次頁の図表において、Aは「撤退しない」、Dは「撤退する」で問題ないが、悩ましいのはB「ビジョン・ドメインに合致しない事業だが、撤退によって企業価値が減少する」と、C「ビジョン・ドメインに合致する事業だが、撤退によって企業価値が増加する」である。BとCについて正解はなく、どこまでビジョンなどを大切にするかというトップの考え方で決まってくる。

■■意思決定のマトリックス■■

	ビジョン・ドメイン	
	合致する	合致しない
企業価値 減少する	A 撤退しない	B ?
企業価値 増加する	C ?	D 撤退する

出典：日沖健『戦略的事業撤退の実務』中央経済社. 2010. p.88

▮撤退障壁の内容

意思決定したら、できるだけ迅速に撤退を実行する。このとき、必要な撤退を躊躇させる要因が撤退障壁である。撤退障壁は、業種や事業内容によって様々である。

① 耐久性のある専門特化した資産

特定の立地を前提とした資産や特定業種に特化した資産は流動性が低く、撤退のための移転コストが大きくなる。ＮＣ旋盤は機械関連の幅広い業種で世界的に利用されているので、容易に買い手を捜して移転させることができる。一方、造船所のドックは、現在ドックがある場所のまま、同業者に売却するしかない。

② 撤退コスト

労働者への補償、設備撤去費用、契約解除のペナルティ、能力維持費用など、撤退によって直接・間接に費用が発生する。赤字の化学プラントを閉鎖しようとしても、化学物質に汚染されたプラント跡地の土壌改良費用が莫大で、事業撤退を決断できないということがある。

③ 戦略的要因

多角化した企業では、撤退する事業がイメージ、マーケティング能力、資本市場へのアクセス、共用資産などの点で他の事業部門との関係が強い場合、撤退によって企業全体の競争力が低下することがある。企業が原材料の仕入れでボリュームディスカウントを受けている場合、ある事業部門がなくなって仕入れ量が減ることにより、残された事業部門の仕入れ単価が上がってしまう。

④ 情報要因

企業内の他部門との共用資産が多かったり取引関係が深かったりすると、事業の実態についての情報を掴みにくくなり、撤退判断が難しくなる。ある百貨店では、法人需要の減少に対応して外商部門を大幅に縮小しようとした。ところが、いざ外商部門の採算性を評価しようとすると、個人のカード会員には外商取引先企業の社員が多いこと、中元・歳暮の繁忙期の店舗集客では外商セールスの果たす役割が大きいことなど、外商部門と店舗販売のシナジーが大きいことが判明した。企画部門は、このシナジーの評価と社内合意に手間取り、外商部門の縮小に2年の歳月を要した。

⑤ 心理的要因

経営者は特定の事業への愛着、従業員への配慮、自身のキャリアが傷つくことへの恐れ、プライドなどから、撤退を避けようとする。とりわけトップが自ら立ち上げた「社長プロジェクト」について、トップはプライド・愛着からなかなか撤退を決断できない。

⑥ 政府や社会の制約

トップが雇用や地域社会への影響を配慮したり、海外で政府が撤退に対して補償を要求する場合など、撤退が難しくなる。日本の石炭産業は、石油へのエネルギー転換で1960年代初頭には撤退が必要であることが明らかだった。ところが、組合や政府との調整に手間取り、時機を失してしまったのである。

22. 国際化の発展段階

概要

企業は、ある国で誕生し、段階的に国際化して発展していく。国際化の発展段階に関する理論は、様々な観点からモデル化されている。ここでは、バーノン、ロビンソン、パールミュッター、マッキンゼーのモデルを紹介する。

活用のポイント

■バーノンの「プロダクトサイクル論」

バーノン（Vernon, R.）は、製品のライフサイクル（→「8．製品ライフサイクル」p.28参照）にしたがって生産技術が模倣され生産コストが低下すると考えた。この仮説に基づき、企業の国際化について説明したので、これを**プロダクトサイクル論**（Product Life Cycle Theory）という。

■■■バーノンの「プロダクトサイクル論」■■■

導入・成長期	研究開発力に優れた技術先進国から消費市場の先進国（導入期）、発展途上国（成長期）へ輸出される	輸出中心
成熟期	技術は標準化して移転が可能になり、価格競争が激化するので、安い労働力を求めて、現地生産が増える	技術移転 現地生産
衰退期	発展途上国が標準化された技術を模倣して労働コストの低い国から先進国に輸出がされる	逆輸入 多国籍化

バーノンは、製品のライフサイクルの変化とともに、生産拠点が先進国から途上国へとシフトする理由を明らかにしたばかりでなく、輸出→現地生産→多国籍企業という経営の国際化について論拠を与えた。

■ロビンソンの「発展段階理論」

ロビンソン（Robinson, R. D.）は、組織構造の変化を中心に、以下のような段階で企業が国際化するとした。

① **国内企業**（Domestic）→国内市場との関連で海外と関係がある。

② **輸出志向企業**（Export-oriented）→輸出部門が強化される。

③ **国際企業**（International）→国内部門と同列に国際部門が強化され、外国企業との合弁や提携がさかんになる。

④ **多国籍企業**（Multinational）→海外子会社の事業展開が活発になるが、株式所有に基づく親会社の支配がある。

⑤ **超多国籍企業**（Transnational）→海外子会社の所有も国際化され、法律関係を除いて国籍の制限を越える。

⑥ **超国家企業**（Supra-international）→地球規模的な視点から国家を超えた活動をする。

■パールミュッターの「EPRGモデル」

パールミュッター（Perlmutter, H. V.）は、トップの海外事業に関する基本姿勢を中心に、以下のような **EPRGモデル** を示した。

① **国内志向型企業**（Ethnocentric）→本国にある本社を中心にした考え方。輸出志向の企業など。

② **現地志向型企業**（Polycentric）→「郷に入れば郷に従え」的な現地主義。海外生産における労務管理など。

③ **地域志向型企業**（Regiocentric）→欧米亜など類似した地域ごとに考える。地域本部制による権限委譲など。

④ **世界志向型企業**（Geocentric）→国境や地域を越えたグローバルな視点に立つ。

■マッキンゼーの「経営機能移転モデル」

マッキンゼー社は、より機能的なモデルとして、下図のような5段階モデルを紹介している。このモデルの特徴は、企業の国際的活動が、輸出→直接販売→直接生産→財務（資金調達）・研究開発なども含めた海外事業へと拡大するにしたがって、「本社機能のどの部分が海外に移転していくか」を図式的に表したものである。経営機能の内でも、本社に集権化した方がメリットの大きな機能と現地化のメリットが大きい機能があることを区分して明示しているところに特徴がある。

■■多国籍企業の発展段階■■

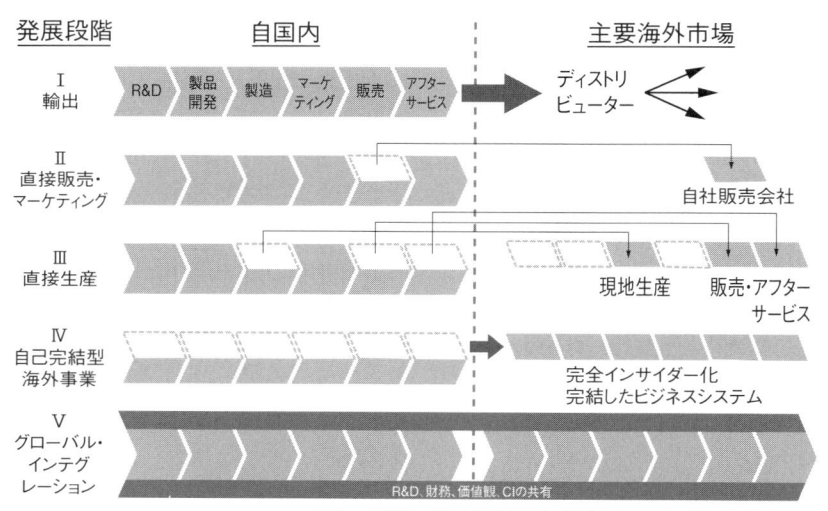

発展段階	自国内	主要海外市場
Ⅰ 輸出	R&D／製品開発／製造／マーケティング／販売／アフターサービス	ディストリビューター
Ⅱ 直接販売・マーケティング		自社販売会社
Ⅲ 直接生産		現地生産／販売・アフターサービス
Ⅳ 自己完結型海外事業		完全インサイダー化 完結したビジネスシステム
Ⅴ グローバル・インテグレーション	R&D、財務、価値観、CIの共有	

出典：大前研一『日本企業生き残り戦略』プレジデント社，1987, p.208

■自動車産業の国際化

日本の自動車産業は第二次世界大戦後に急成長を遂げるが、最初の需要は復興や朝鮮戦争特需によるトラックが中心であった。それが60年代のモータリゼーションによって、セダン系乗用車の国内需要が急速に増大した。自動車の生産台数を見ると、60年に48万台であったのに、69年には498万台に達し、10年間で10倍の急成長である。

しかし、70年代には国内市場は飽和して完成車の輸出が急増する。ロ

22 国際化の発展段階

ビンソンのモデルでいえば、国内企業から輸出志向企業へ移行したといえる。70年代の10年間に国内市場は100万台しか増えていないが、輸出は400万台以上増えたのである。

その後、80年代になると貿易摩擦が表面化し、完成車輸出が抑制されるようになると海外市場での現地生産が始まる。最大市場の米国で見ると、ホンダ（1978年）、日産（1980年）に続いて、トヨタもGMと合弁で、84年にカリフォルニアで現地生産を開始した。これは、バーノンのモデルでいえば、成熟期を迎え、パールミュッターのEPRGモデルでいえば、現地志向型企業（P）段階に移行した段階といえる。

自動車の場合、現地部品ゼロのノックダウン組み立てから、エンジンなど主要部品を現地生産する本格的な海外生産まで、ローカルコンテンツ（現地部品調達率）が異なる。このため、生産の現地化とはローカルコンテンツの増大を意味するが、80年代には、海外生産拠点の増加とローカルコンテンツの増大が同時に進んだ。

海外生産の拡大は、マネジメントの質を変えた。例えば、トヨタは、GMとの合弁プロジェクト（1984年）を経て、87年にケンタッキーとカナダに単独で工場進出を果たした。最初は、生産技術を中心とした技能的指導ですんだが、カンバン方式とよばれるトヨタ流の製造方式を現地に移転するためには、物流の仕組みから始まり、最終的には経営理念、価値観や暗黙知的なトヨタ流のやり方を「トヨタウェイ」として伝授していかなければならなくなった。現在のトヨタは、バーノンやロビンソンのいう多国籍企業の段階にあるし、パールミュッターの地域志向型企業（R）に向かっているとも考えられる。

ところで、こうした日本の自動車メーカーも、販売やアフターサービスの機能は、輸出を始めた60年代から現地化している。マッキンゼーモデルのように、機能別に見れば、移転のタイミングは異なる。

最後に、国際化は、本国とは異なる法制、政治経済・文化環境で展開するため、進出後にカントリーリスクを負うことが多い。一般的な国際化の発展モデルを参考にしながら、個別のケースについて慎重に検討する必要があろう。

第 **4** 章

競争戦略

　企業が競合する他社に対し競争優位を構築・維持するための戦略を競争戦略という。企業は自社の事業が、固有の経営資源や業界内での位置取りなど、他社に対してどのような点で優位に立つのかを明確にする必要がある。
　第4章では、競争戦略の基本的な考え方と優位性を獲得・維持するための方策について考察する。

23. 3つの基本競争戦略

概要　ポーター（Poter, Michael E.）は、ファイブフォース（→「9．ファイブフォース分析」p.32参照）で説明した5つの競争要因に対処するための基本的な競争戦略として、次の3つをあげている。

① **コスト・リーダーシップ戦略（cost leadership strategy）**

規模の利益や経験曲線によるコストメリットを生かして競合他社より低コストで製品を供給する戦略。量的優位（低コスト）が確立されれば、同業者の値引き合戦にも勝てるし、買い手の値引きや供給業者の値上げ要求にも対抗できる。また、コスト競争力に勝れば、参入障壁が高まって、新規参入者や代替品からの脅威にも対応できる。

② **差別化戦略（differentiation strategy）**

競合他社にない製品やサービスを提供する戦略で、品質・機能・付加価値、消費者のブランド選好を高める努力をする。質的優位（差別化）を確立できれば、同業者の価格攻撃を回避できるし、最終顧客の高いブランド忠誠心を背景に、買い手や供給業者からの要求も薄まるし、新規参入者や代替品の脅威にも対抗できる。

③ **集中戦略（focus strategy）**

特殊なマーケット・セグメントに絞り込んでその市場で優位に立つ戦略で、その集中化には、特殊分野（医療用注射針など）、特殊技術（レーザー彫刻加工技術など）、特殊な顧客層（ダイバー向け時計など）、地域的な特化（地銀など）があるが、販売方法や販売チャネル（美容室での販売など）での特化をはかるケースも考えられる。この集中戦略は、次頁の図でも示すように、量的優位（低コスト）の戦略と質的優位（差別化）の戦略が含まれている。例えば、輪ゴム市場では、株式会社共和の「オーバンド」

というブランドが圧倒的なシェアをもっているが、これは、大企業が乗り込まない市場のすき間（マーケットニッチ）でコスト・リーダーシップを発揮している例といえる。集中化戦略における差別化の例としては、富士重工（スバル）の四輪駆動市場における水平対抗エンジンがある。レオーネやレガシーは、四駆でありながら車高を低く抑えた差別化で特定のマーケットを獲得している（→「24．地位別競争戦略」p.90参照）。

■■■3つの基本競争戦略■■■

戦略の有利性（競争優位の源泉）

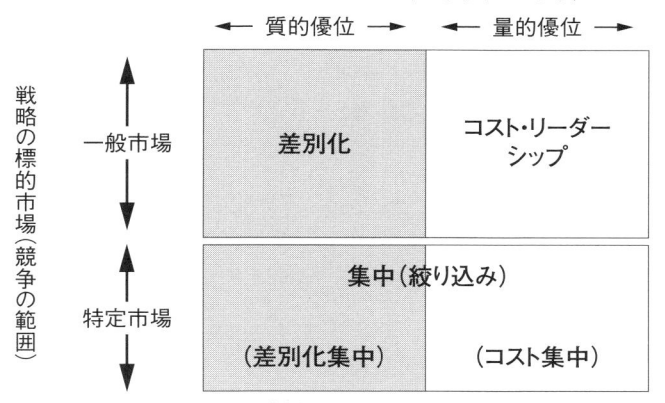

	← 質的優位 →	← 量的優位 →
一般市場	差別化	コスト・リーダーシップ
特定市場	集中（絞り込み）	
	（差別化集中）	（コスト集中）

戦略の標的市場（競争の範囲）

出典：M.E.ポーター『競争の戦略』ダイヤモンド社，1982, p.61を一部修正

活用のポイント　コスト・リーダーシップ戦略と差別化・集中戦略はトレードオフの関係にあり、中途半端な戦略をとった場合には、業績が低くなる傾向があるとされる。ポーターは、このような状況を、中間にあって動きがとれないという意味で**スタック・イン・ザ・ミドル**（stuck in the middle）とよんでいる。

シェアが高い企業は、コスト・リーダーシップを発揮して高い投資収益率をあげられるが、シェアが低い企業でも、集中化や差別化を行えば、小規模なりに身の丈にあった利益や投資効率を得られる。

ところが、シェアで中位の企業は、規模の利益も得られないし、差別化でも中途半端で、収益率も低くなる。例えば、日本のビール市場では、キ

リン、アサヒ、サッポロ、サントリーの4社の寡占状態だが、一方で、地域に特化した地ビールも生き残っている。中規模の企業が育たないのは、このスタック・イン・ザ・ミドルがあるからで、この収益率の谷間のことを「死の谷（death valley）」とよぶこともある。

しかし、規模の経済を享受しながら差別化を進めることは可能で、トップ企業が新技術による差別化製品を投入して成功しているように、2つの戦略を同時に追求するケースもある。

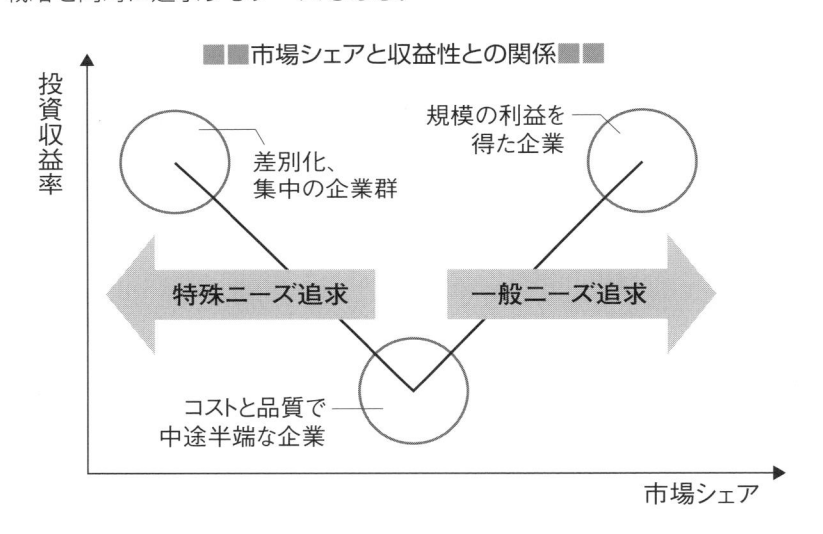

■■市場シェアと収益性との関係■■

縦軸：投資収益率
横軸：市場シェア

- 差別化、集中の企業群
- 規模の利益を得た企業
- コストと品質で中途半端な企業

←特殊ニーズ追求　　一般ニーズ追求→

▶焼肉のたれ市場のケース

エバラ食品工業は、1968年に「焼肉のたれ」を発売したが、最初は集中戦略をとった。まず80万世帯程度を単位に地域でトップの問屋と特約契約を結び、その問屋だけに集中して配給した。進出地域も限定して、広告、販売奨励金、インストア・イベント（店頭実演販売など）をその地域に集中した。テレビCMも焼肉料理がメニューになりやすい給料日後の土日に集中させた。

進出地域は、関東甲信越（1970年）→東北（1972年）→北陸・中京（1973年）→広島・九州（1974年）→四国・北海道（1975年）と全国展開したが、食文化の中心地、大阪は最後まで攻めなかった。ヒト・

モノ・カネが十分そろって物量で圧倒できるまで待ったのである。

　全国制覇を達成したエバラは、焼き肉のたれ市場のトップとしてマーケット・リーダーの戦略に転換した。「黄金の味」など年代別・素材別に次々と商品を投入し、焼き肉のたれ（夏場商品）以外にも、「すき焼きのたれ」のような鍋つゆ（冬場）調味料や、「浅漬けの素」のような通年商品を出して、フルライン政策で他社を圧倒した。

　一方、1979年にモランボンが「ジャンは生きている」というコピーで、エバラの商品群との違いを強調する差別化戦略で参入してきた。まず、エバラのビン詰めに対して、「生パック」と称するプラスチック容器やアルミパウチの容器を用意し、常温保存商品のエバラに対して「要冷蔵」として、牛乳のように賞味期限を大きく表示した。

　売り場でも、エバラとの直接の競合を避ける。中央通路のドライフードにあるエバラ商品に対して、生鮮品扱いとして肉売り場の冷蔵棚に置いた。実は、スーパーでは部門別に仕入や会計が分かれているため、グロッサリー扱いのエバラに対し、モランボンは精肉売り場との取引。別会計という仕組みもうまく利用した差別化戦略といえる。

　要冷蔵品という性格もあるが、モランボンは問屋を通さず、自社工場や協力委託工場から直送する独自のコールドチェーンシステムを構築しているため、流通面でもエバラと差別化戦略をとっていることになる。価格帯も高めで、使い方も正反対のようである。エバラの「焼き肉のたれ」は焼いた肉にかけることが多いようだが、モランボンの「ジャン」は生の肉にからめて焼くようにとの注意書がしてある。

　ネーミングでも差別化されている。エバラの「焼き肉のたれ」はそのものズバリのネーミングだが、「ジャン」は何の商品か意味不明で逆にインパクトがある。薬食同源（食べて健康）の思想に基づく薬念醤（ヤンニョムジャン）というハングル語が語源のようである。

24 地位別競争戦略

概要

地位別競争戦略とは、同じマーケットのプレーヤーでもマーケットポジションにより競争戦略を変えなくてはならないことを指す。

　ここでは、コトラーの4つの競争地位、①マーケット・リーダー、②マーケット・チャレンジャー、③マーケット・ニッチャー、④マーケット・フォロワーを紹介する。コトラーによれば、マーケットが大きい場合は、そのマーケットでの地位によって、戦略の基本方針が異なってくるというものである。

活用のポイント

① マーケット・リーダー（Market Leader）

　マーケット・リーダーは、市場でもっとも大きなシェアを確保している。このため規模の経済性（Economies of Scale）が働く産業においては、経験曲線効果により単位当たりのコストをもっとも低く抑えることができる。このことは、コストリーダーシップがとれることを指している。シェアの小さな企業と競争した際に同等の製品であれば、他社よりも売価を下げてもより大きな利益をあげることができる。

　このようなマーケット・リーダーがとるべき戦略は、マーケット全体のカバー率をあげること、マーケット規模の拡大に努めること、競合が新しい製品やサービスを出してきたら、**同質化**という方法で、類似の商品を出し、マーケットシェアの大きさ、コストの低さを武器に競合を打ち負かすことである。また、市場が安定しているときには、自らは能動的には動かず、他社の打ち手に対応する戦術をとればよい。日本の自動車業界では、トヨタ自動車がマーケット・リーダーである。かつては、日産自動車と国内のマーケットシェアで拮抗していた時期があったが、カンバン方式などのコスト低減努力によりコストリーダシップを発揮し、マーケット・リーダーのポジションを固めていった。また、日産やホンダ、マツダ、三菱な

24 地位別競争戦略

どがユニークな車を出すと、類似のコンセプトの車を出し、その強力な販売網で、競合よりも多くのシェアをとってきた。コスト競争力があったため、高い利益率を維持することができたのである。

② マーケット・チャレンジャー（Market Challenger）

マーケット・チャレンジャーはリーダーに次ぐポジションであり、2位、3位のメーカーがとるべき戦略で、通常マーケットの広い範囲を対象にしている。リーダーがマーケット全体をカバーし、かつコストリーダーシップを握っているため、チャレンジャーは、自ら仕掛けていかなければそれ以上の拡大は望めない。コストで対抗できないため、差別化で対抗しようとする。ユニークな商品や新しいコンセプトの商品を先手を打って発売することにより、新たな顧客、リーダーの商品に飽きてきた消費者を取り込む。

ただし、差別化には通常差別化コストが掛かるため、商品に差別化コスト以上の魅力、付加価値がないと新たな顧客を取り込むことができない。また、一時は差別化できても、リーダーが同質化戦略で類似商品を出してくるため、一時の差別化、顧客獲得に安住せず、常に自ら差別化し続けなければならないのである。

日本の自動車業界では、日産、ホンダがとってきた戦略である。日産は、古くはスカイライン、シーマなどによって差別化をはかってきた。一方、ホンダは、バイクメーカーから始まったが、小型自動車市場に参入し、一貫してユニークな車作りにこだわり、シビック、アコード、プレリュード、オデッセイ、CR-Z、フィット、インサイトなどの差別化された車を世に送り続けて国内のマーケットシェアを拡大し、2009年からトヨタに次いで2位の座を確保するまでになった。

③ マーケット・ニッチャー（Market Nicher）

マーケット・ニッチャーは、マーケットの中の特定セグメントを対象市場として生きていこうとするため、集中戦略をとる。リーダーはマーケット全体をカバーしようとするが、ニッチャーは、リーダーが比較的苦手な

セグメントで独自のポジションをキープしようとする。ニッチャーは、そのセグメントの顧客ニーズに最大限に応えようとする。このため、リーダーがきめ細かに対応できない部分まで対応するのである。

　日本の自動車業界では、鈴木自動車が好例である。軽自動車を主体に、決して大きな車を作ろうとしない。そして、軽自動車に求められるコストパフォーマンスにかかわり、軽自動車の世界ではナンバーワンをキープしようとする。国内市場では、2010年で日産に次いで4位の台数シェアを確保している。この省エネの時代、軽自動車・エコカーがシェアを伸ばしている。家電の世界では、ポットやジャーというニッチセグメントで頑張っている象印、タイガーなどがある。

④　マーケット・フォロワー（Market Follower）
　マーケット・フォロワーは特に強い独自性はないが、経営資源を最大限に効率化して、開発コストと新規投資のリスクを最小限にして、大きなマーケットの片隅で何とか生き延びていこうとする。自動車の世界に典型的なフォロワーはいないが、家電の領域では、既存品の徹底した低コスト戦略をとっている船井電機がこれに当たる。

　大きな技術革新があるときは、マーケットポジションの変革期である。音楽プレーヤーにおいては、レコード時代のビクターなど音響機器メーカーと、CD時代のソニー、松下電器産業（現・パナソニック）などの音響機器メーカーは異なっていたし、携帯音楽プレーヤーの時代はアップルが大きなシェアを握るなど大地殻変動を起こしてきた。

　自動車においても、ガソリン車からハイブリッド、さらに電気自動車、水素自動車へと駆動系の技術が変わろうとしている。マーケット・リーダーであるトヨタはハイブリッド車で先行したが、電気自動車では三菱、日産が先行した。地球温暖化対策の一環として電気自動車化の流れは一層加速するものと考えられ、どの自動車メーカーが次世代のマーケット・リーダーになるかは予断を許さない状況である。

　もう一つ重要な視点は、市場範囲をどこまで広げるかの問題である。日本は、かつては世界のGDPの10％を占める経済大国であったが、

24 地位別競争戦略

2010年には中国に抜かれ、今後経済規模の拡大が望めない。そうした中で企業が成長していこうとすれば、世界に目を向けざるを得ない。

パソコンや携帯電話の世界では、日本のメーカーが中途半端に大きかった国内市場中心の戦略を展開してきたため、いまやグローバルに見るとわずかなシェアしか保有していない。国内ナンバーワンのメーカーといえども、グローバルに見ればニッチャーでしかない。対する韓国メーカーは、国内市場が小さかったため、早くからグローバルに展開してきたし、最近急成長した中国企業は、世界一人口の多い市場を抱えているため、企業規模も大きくなりやすい。日本企業は、縮小していく国内市場を中心に考えるのではなく、グローバルな視点で市場、競合、マーケットポジションを考えていくべきである。

もう一つ、グローバル競争の時代では、グローバルに情報と物流が整備されてきたため、単なるフォロワー的な戦略が成り立ちにくくなっていることに留意すべきである。小さければ小さいなりに特徴を出す必要があるであろう。

■■■地位別競争戦略の特徴■■■

タイプ	ポジションと基本スタンス	戦略の基本方針	ポイント
マーケット・リーダー	・圧倒的 ・自らは能動的に仕掛けない	・市場規模の拡大 ・全方位の事業展開	・コストリーダーシップと同質化
マーケット・チャレンジャー	・リーダーに次ぐシェア ・自ら仕掛けていく	・革新的差別化	・リーダーが模倣できない独自の「しくみ」を構築
マーケット・ニッチャー	・独自のサブセグメントを支配	・集中化 ・大手との直接競争を回避	・独自の強みを生かすサブセグメントの形成
マーケット・フォロワー	・特に強い独自性なし	・経営資源の最大限の効率化	・開発のコストとリスクを徹底的に回避

25 ポジショニングマップ

概要

ポジショニングマップ（positioning map）とは、製品の位置づけを複数の軸（通常は2次元平面図）を選んで図で示す手法のことである。

市場を細分化（Segmentation）するための軸を探し出し、標的となる顧客層のセグメントを設定（Targeting）し、そのターゲットセグメントにおいて市場地位を獲得するための位置取り（Positioning）を行うことを、頭文字をとって **STP** という。その際に、標的市場の顧客グループの中で、競合他社の製品や自社の製品ラインと差別化をはかることがポジショニングと理解されている。

活用のポイント

STPは教科書的には、S→T→Pの順に説明される。市場全体を細分化して、有利な標的市場を選択し、その上でポジショニングするというアプローチである。

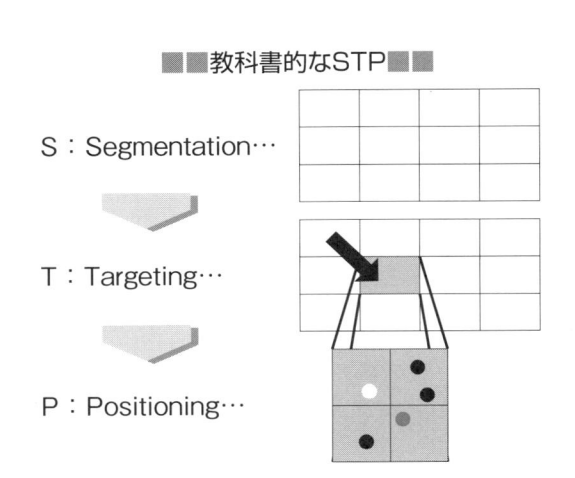

■■教科書的なSTP■■

S：Segmentation…

T：Targeting…

P：Positioning…

ところが、Pは、S（市場細分化）やT（標的市場の選択）と表裏一体で、同時に行う必要がある。あるいは、STPは、何度も回して、行きつ

戻りつ、適切なポジショニングを獲得することが大切になる。

その第一の理由は、Sの細分化基準が多いということ。代表的基準だけでも、①**地理的基準**（geographic factor：地域・人口・気候など）、②**人口統計的基準**（demographic factor：性別・年齢・職業・所得・学歴など）、③**心理的基準**（psycho-graphic factor：ライフスタイルや性格・価値観など）、④**行動的基準**（behavioristic factor：使用頻度・ブランドロイヤルティなど）と、様々な基準がある。したがって、ポジショニングマップに使う2つの基準を軸として選ぶ作業は、すでに、STPのPを先取りしているようなものである。

第二に、競争上有利になる市場の適所を選ぶTの局面においても、市場の規模と、自社製品のユニークさを同時に勘案しなければならず、Pで示した集合（クラスター：cluster）の規模や自社のマーケティング・ミックス活動を通じて自社の意図が到達可能かどうかを同時に検証しなければならない（→「32. マーケティング・ミックス」p.118参照）。

■■■実践的なSTP■■■

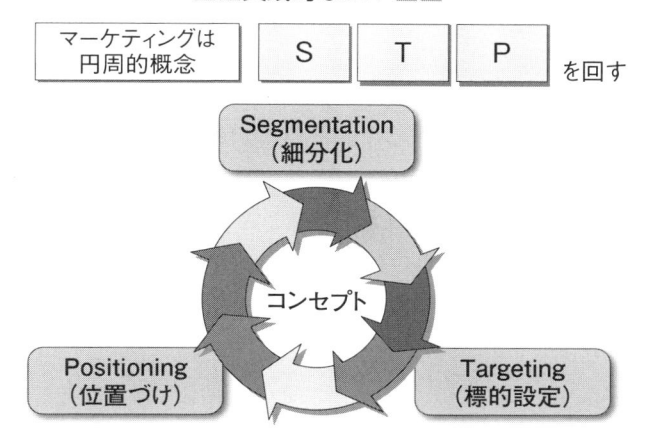

マーケティングは円周的概念　S　T　P　を回す

- Segmentation（細分化）
- Targeting（標的設定）
- Positioning（位置づけ）
- コンセプト

ライズ（Al Ries）とトラウト（Jack Trout）は、「顧客のマインドの中で自社の商品を位置づける」ことがポジショニングであり、新しいカテゴリーで一番のポジションを得るのがベストだと述べている。このためポジショニングマップは、感性的な心の中の位置づけを可視化する**パーセプ**

ションマップともよばれる。

ポジショニングが成功するためには、企業理念やミッションなど、企業自体のポジショニングと製品のポジショニングに整合性があるということも重要である。

なお、STPでいうポジショニングは、戦略論でいうポジショニングとは異なる。前者は、特定の製品が顧客の心の中で占める位置づけのことだが、後者は、事業領域が、外部環境の魅力度に応じてどのように適応していくかという戦略的アプローチのことである（→「3．理想に至る２つの経路」p.6参照）。

▰青山フラワーマーケットのケース

青山フラワーマーケットは、「花や緑に囲まれた心ゆたかな生活を」を基本理念に独自のポジショニングを得て成功している。

花を贈るのは、母の日や誕生日や結婚記念日など「特別な日」に限られているように思えるが、青山フラワーマーケットのコンセプトは、英語で「Living With Flowers Everyday」と表現されているように、「毎日」の日常生活の中にある。

また、花を贈る場面として、お見舞いや開店祝いなど家族以外のパブリックなニーズによるケースも多い。ところが、青山フラワーマーケットは、「100本の花束より１輪の花を100名に」というメッセージのように、顧客が自分自身のために買い求める小さな花を提供しようと考えている。

これをポジショニングマップで示してみると、①スペシャル（特別な日）とデイリー（日常）、②パブリック（公共や他人のため）とプライベート（顧客自身のため）という２軸で表わすことができる。

このようなポジショニングマップを使って青山フラワーマーケットのコンセプトを描いてみると、通常の花屋ビジネスとはまったく違った新しいポジショニングを得ていることが見えてくる。

これは、花屋市場で聞いた話であるが、胡蝶ランのような花が贈答用の花の代表で、背が高く、豪華で値段も高く、なかなか売れないというのが実情のようである。一方、花屋の商売は鮮度のビジネスで、鮮度を保つた

㉕ ポジショニングマップ

めに茎の先端を切ることがあるので、売れ残りの花は背が低くなり市場価格も安くなりがちだという。

　一方で、青山フラワーマーケットの店頭をのぞくと、「キッチンにも花を……」というメッセージのついた花などは、背が低く単価も安い。それこそ、顧客が自宅のプライベートな空間に飾る花で、キッチンあたりの小

■■青山フラワーマーケットのポジショニングマップ■■

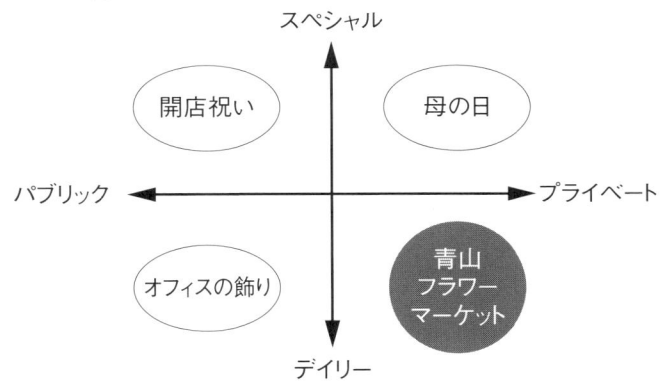

```
                  スペシャル
                      ↑
         ┌─────────┼─────────┐
         │ 開店祝い  │  母の日  │
         │         │         │
   パブリック ←─────┼─────→ プライベート
         │         │   青山   │
         │オフィスの飾り│ フラワー │
         │         │ マーケット │
         └─────────┼─────────┘
                      ↓
                   デイリー
```

瓶に入れる小さな花を自分自身のために買って帰る様子が思い描ける。

　青山フラワーマーケットの店舗展開をしている株式会社パーク・コーポレーションの井上社長は、花とワインの共通点から、その位置づけを説明している。花もワインも嗜好品で、それがないと死んでしまうようなものではない。ワインを飲む時間には花も欲しいもので、どちらもゆったりした時間と関係が深い。

　昔は、ワインは贅沢品で高価格だったが、手頃な価格のものが出回るようになると、自宅で気軽に飲む人も増えてきた。そうした類似商品の動向を見て、花のマーケットにも、「自分自身のために花を飾る」というポジショニングがあることを確信したというのである。

　ポジショニングにおいては、顧客の側に立った心理的な要因分析が重要であり、企業全体の理念との関係も大切である。青山フラワーマーケットの製品群は、企業の基本理念と整合される形でポジショニングされているように思える。

第4章　競争戦略

26. ブルー・オーシャン戦略

概要

　ブルー・オーシャン戦略（Blue Ocean Strategy）とは、W・チャン・キム（W.Chan Kim）とレネ・モボルニュ（Renee Mauborgne）が提唱した新しい経営戦略論である。彼らによれば、ポーターが説いた競争戦略の世界は、競争の激しいレッド・オーシャン（赤い海、血で血を洗う競争の激しい領域）であるとし、このレッド・オーシャンは、消耗戦になるため利益率も低く、生存が難しいという。このためレッド・オーシャンを避け、競争のない新しい市場である「ブルー・オーシャン（青い海、競合相手のいない領域）」を切り開くべきだと説いている。

　分析ツールとしては、「戦略キャンバス」「4つのアクション」「アクションマトリックス」などがある。概念的にはポーターの差別化戦略の延長線上にあるが（→「23．3つの基本競争戦略」p.86）、既存市場での差別化ではなく、新しい市場を切り開く、創造するという点に違いがある。

活用のポイント

　ブルー・オーシャン戦略の実践例としては、米国でヒットしたオーストラリアワインの「イエローテイル」、日本では、10分で1,000円カットの「QBハウス」、任天堂

■■イエローテイルの戦略キャンバス■■

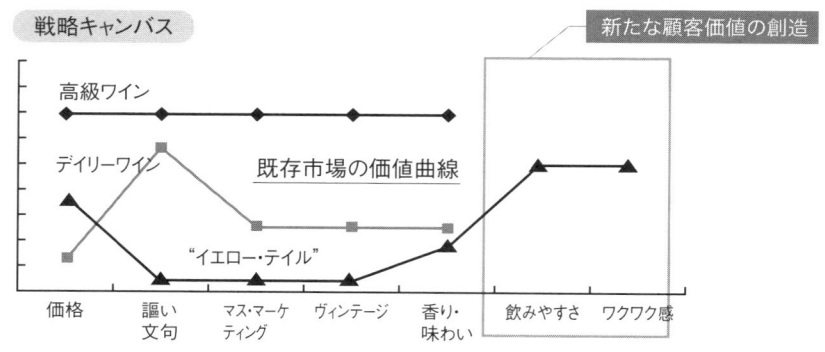

戦略キャンバス

新たな顧客価値の創造

高級ワイン

デイリーワイン　既存市場の価値曲線

"イエロー・テイル"

価格　謳い文句　マス・マーケティング　ヴィンテージ　香り・味わい　飲みやすさ　ワクワク感

出典：W.チャン・キム、レネ・モボルニュ『ブルー・オーシャン戦略』ランダムハウス講談社、2005、p.55を一部修正

㉖ ブルー・オーシャン戦略

のゲーム機「Wii」などがあげられる。

▍米国・日本企業の３社の事例

　では、イエローテイルを例に戦略キャンバスから見ていこう。前頁の図に表されるように、戦略キャンバスでは、まず既存市場の価値曲線を分析する。既存市場には大きく分けるとフランス産などに代表される高級ワインと、ふだん自宅で飲むカリフォルニア産のデイリーワインがある。それらの価値属性を戦略キャンバス上で分析をし、新しい商品については、既存の商品にはない属性をもたせることを検討する。この事例でいうと、飲みやすさやワクワク感である。イエローテイルのラベルはカンガルーの絵柄をあしらっており、通常のワインラベルと大きく異なった印象を与える。

　次に、ブルー・オーシャン戦略では、４つのアクションを検討する。すなわち、既存のものから「減らす」「取り除く」というマイナスのアクションと、「増やす」「付け加える」というプラスのアクションである。すでにある商品は一定の価値曲線をもっている。そのため、それに新たに追加しようとすると余分な価値が付けられてしまう。そのため、まず要らないものは何か、取り除けるものは何かを考える。その上で、新たに増やすもの、付け加えるものを検討し、マイナスとプラスにより既存のものとはかなり異なる製品・サービスを生み出すのである。イエローテイルの場合は、

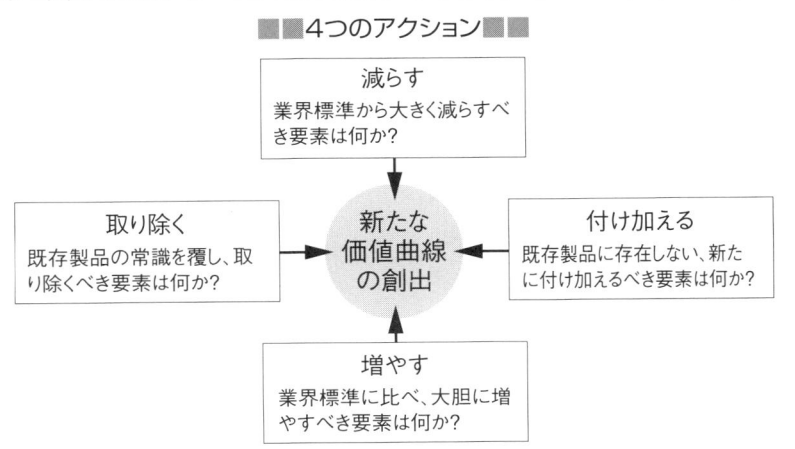

第**4**章　競争戦略

■■■4つのアクション■■■

減らす
業界標準から大きく減らすべき要素は何か？

取り除く
既存製品の常識を覆し、取り除くべき要素は何か？

新たな価値曲線の創出

付け加える
既存製品に存在しない、新たに付け加えるべき要素は何か？

増やす
業界標準に比べ、大胆に増やすべき要素は何か？

出典：W.チャン・キム、レネ・モボルニュ『ブルー・オーシャン戦略』ランダムハウス講談社, 2005, p.51を一部修正

マスマーケティングを使わず、ヴィンテージや謳い文句も掲げない（マイナス要因）代わりに、飲みやすさやワクワク感を新たに追加した。

■■アクションマトリックス■■

取り除く ・謳い文句やブランド志向 ・ヴィンテージ	増やす ・飲みやすさ
減らす ・香り、味わい ・マス広告の利用	付け加える ・ワクワク感 ・クチコミ広告の活用

出典：W. チャン・キム、レネ・モボルニュ『ブルー・オーシャン戦略』ランダムハウス講談社, 2005, p.59 を一部修正

　1,000 円カットの QB ハウスの場合は「洗髪」「髭そり」などを取り除き、その結果として「所要時間」を 10 分に減らし、価格も 1,000 円に減らし、その代わりに、「駅中で便利」「通勤途中でも寄れる」などの価値を付けた。10 分で 1,000 円カットなどは、新橋駅近くでも昔から行われていたが、駅中でフランチャイズチェーン展開し、オペレーションとスキルも均一化したところが新しい。QB ハウスは、2011 年 3 月末現在ですでに 450 店舗以上、シンガポール・香港など海外でも 50 店舗以上展開している。

　任天堂の Wii もブルー・オーシャン戦略の事例として有名である。任天堂は、その前のゲームキューブの時代に、ソニーのプレイステーション 2 に敗北し、捲土重来を期していた。ソニーがプレイステーション 3 でヘビーゲームユーザー向けにお家芸のブルーレイを使った高精細・高機能なゲーム機を出すことが予想されたので、同じフィールドでの競争はできないと判断し、ヘビーゲームユーザー向けの商品ではないゲーム機を模索した。その結果、高精細・高機能は取り除き、その代わりに体を動かせる、家族みんなでできる、操作が簡単などの価値を加えて、家族で楽しめるゲーム

❷⁶ ブルー・オーシャン戦略

機Wiiを作りだした。Wiiの発音は、We（私たち）に通ずるところがあることからも、皆で楽しむゲーム機という思いを込めているのであろう。価格も、２万５千円と手頃な価格で発売した。

　一方、ソニーのプレイステーション３は、ブルーレイ機能が新しく初期コストも高く付いたため、当初６万円以上の価格見通しを出したが、それでは売れないと判断し、５万円に値下げして発売され、それでも発売初年では、Wiiが100万台に対して、PS 3は50万台と２倍の大差がついた。Wiiはダイエット機能で女性客も開拓するなど、ゲームユーザー層の拡大に成功した。

　また、任天堂はこうした流れに乗って、ポータブルゲーム機任天堂DSを発売し、通常のゲームだけでなく、流行りの頭脳トレーニングクイズ、漢字検定ソフトなどのソフトのバリエーションを増やし、新たな顧客層の開拓に成功した。電車の中で若い女性がDSを膝の上に置いてタッチペンでスクリーンを突っついている様は、それまでにないユニークな光景となった。この結果、任天堂の業績は、営業利益ベースで、2006年度900億円、2007年度2,200億円、2008年度4,900億円、2009年度5,600億円と飛躍的に伸びていった。

　このようにブルー・オーシャン戦略は、競合と頭を突き合わせた競争ではなく、既存の機能を減らしたり新たな価値を追加することで新しい領域を切り開くという、新規顧客層を開拓する点で競争戦略とは違った世界を模索する。ブルー・オーシャン戦略が成功すれば競合がいないか少ないため、価格競争に陥ることなくビジネスが行える。競争戦略の世界よりも大きな利益率を確保できる可能性があるのである。

　日本企業は、携帯電話メーカー、家電メーカー、自動車メーカーの製品戦略に見られるように、新たな機能要素を付け加えることで付加価値を上げる「増やす」「付け加える」一辺倒でやってきた感がある。その結果、類似の商品を出す同質化競争に巻き込まれ、どこも利益が出ないという消耗戦を繰り返してきた。国内市場が高齢化、縮小していくことを考えると、市場をグローバルにとらえ、単に他社と同じ道を早くいこうとするのではなく、違う道を切り拓いていってもらいたいものである。

27 ビジネスモデル

概要

ビジネスモデルとは、ビジネスの仕組みのことを指し、國領二郎によれば、経済活動において、「4つの課題に対するビジネスの設計思想」と定義している。

1. 誰に、どんな価値を提供するか。
2. その価値をどのように提供するか。
3. 提供するにあたって、必要な経営資源をいかなる誘因のもとに集めるか。
4. 提供した価値に対して、どのような収益モデルで対価を得るか。

インターネットや情報システムを使ったビジネスの仕組みでビジネスモデル特許が取れるということで概念が広まったが、特許とは必ずしも直結していない。なお、英語では、Business Method といい、Business Model とはよばない。

ビジネスモデルは、以下の基本要素からなる。すなわち、ビジネスの中心となる、①事業の顧客（ニーズ）、②当該事業（商品・サービス提供者）、そして事業に協力する、③サプライヤー（シーズ）の3要素である。これらの3要素について、顧客については、顧客像と顧客ニーズ、当該事業については、事業が加える付加価値（商品企画・製造、広告・宣伝、販売など）、サプライヤーについては、サプライヤーとそのサプライヤーが提供（技術・ノウハウなど）するシーズである。

ビジネスモデルは、これらの三者の間でどのような取引、関係が構築されるかを表現する。ビジネスによっては、当該事業と顧客の間に流通や物流業者が介在したり、サプライヤーと当該事業者との間に中間業者が介在したりする。

㉗ ビジネスモデル

■■■ビジネスモデルとは■■■

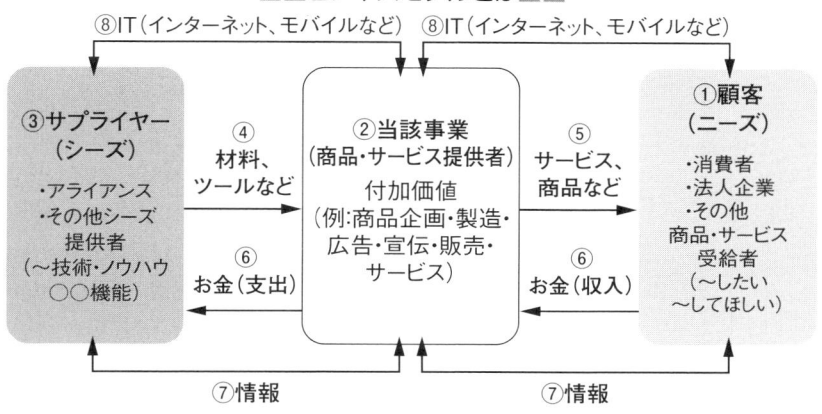

⑧IT（インターネット、モバイルなど）　⑧IT（インターネット、モバイルなど）

③サプライヤー
（シーズ）
・アライアンス
・その他シーズ
　提供者
（〜技術・ノウハウ
　○○機能）

④材料、ツールなど →

②当該事業
（商品・サービス提供者）
付加価値
（例：商品企画・製造・
広告・宣伝・販売・
サービス）

⑤サービス、商品など →

①顧客
（ニーズ）
・消費者
・法人企業
・その他
　商品・サービス
　受給者
（〜したい
　〜してほしい）

⑥お金（支出）　⑥お金（収入）

⑦情報　⑦情報

第4章 競争戦略

活用のポイント　インターネットを使ったビジネスが登場して以来、新しいビジネスモデルやビジネスモデルの革新がいわれるようになった。たしかに、例えば、通信販売の分野では、従来のカタログ通販に代わってインターネット通販が大きくシェアを伸ばし、既存のカタログ販売を追い越してしまった。また、最近では、普及率の高まった携帯電話を使った通販の比率も増加している。

　インターネットを使ったビジネスは、証券取引業、銀行業、旅行代理業、書店業、出版業、新聞、TVなどにも及んでおり、HPの活用も考慮に入れると、あらゆる事業で活用が進んでいることになる。

▌インターネットを使ったビジネスモデルのケース

　楽天は、当初出店コストが安いことを売り物にした物販から始まったが、その後旅行代理業、証券取引業、書店業などとサービス内容を広げ、2010年度の取扱高は1兆円を超え、ビッグビジネスになっている。

　グーグルのような広告モデル型の検索サービスは、ユーザーがインターネットを検索しやすいソフト（例：グーグル・クローム）を無償で提供し、特定のキーワードで検索を行うと、検索結果の表示画面にそのキーワードに関連した企業の広告を出稿し、広告出稿企業から広告料を得るというビ

ジネスモデルである。検索ソフトが使いやすければ使いやすいほどユーザーが増え、企業もそのたくさんのユーザー向けに効果的な広告を打とうという正の連鎖反応が働いて、成長していく。

また、mixi、フェースブックのようなSNS型ビジネスモデルは、会員に対して無料でSNS（Social Networking Service）を提供し、その書き込み画面などに企業の広告を掲載するタイプのビジネスモデルである。こちらもユーザー数が多いほど広告出稿量も増えていく。

この他、モバゲーやグリーのような携帯電話型ゲームソフトサイト、iPhoneやiPadを使ったアプリ提供ビジネス、デジタルブックビジネスも登場しており、サービスが多様化している。

インターネットを使ったビジネスモデルは参入障壁が低いことから、誰でも始められるというメリットがあるが、大きな成功を収めるには、収益を確保する仕組み、顧客数をべき乗で増やす仕組みをもつ必要がある。インターネットを使った仕組みは、今後も多様化し続けるものと考えられる。

インターネットの活用とビジネスモデルの革新は同一物ではないが、インターネットを活用したビジネスモデルの革新も多く見受けられており、自社の事業のビジネスモデルを振り返ることは、事業構造の見直しを行ういい機会である。

▶ビジネスモデル革新のブックオフのケース

次頁の図は、ブックオフが行ったインターネットを使わないリアルの事業でビジネスモデル革新をした事例である。ブックオフは、従来型の中古書店は主人による目利きが必要で多店舗展開できないという弱点と、一般の新刊書を扱う店舗は収益性が低いという弱点を克服したビジネスモデル構築に成功した企業である。

ビジネスモデルの革新は、どんな業種においてもありうることであり、自社が取り組まなければ、他社に先を越される可能性もあることから、既存のビジネスモデルでの競争ばかりでなく、ビジネスモデルを変えていく視点も必要である。

㉗ ビジネスモデル

■■新しいビジネスモデルの例「ブックオフ」■■

従来の中古書店のモデル

■中古書籍の価値算出に適用できる客観的尺度はなく、買値、売値の決定は、店主の判断（経験）に委ねられる。

```
買取希望      書籍の持込       中古書店      書籍価値に応じた売価     購入希望
  顧客    ─────────→              ←─────────────       顧客
          ←─────────            ─────────→
          商品価値査定による買取    来店
                              価値がなくなった本（＝売れない本）
                              ──────────────→ 廃棄
```

一般書店（非中古）のモデル

■書籍の多くは、委託販売の形をとり定価販売。

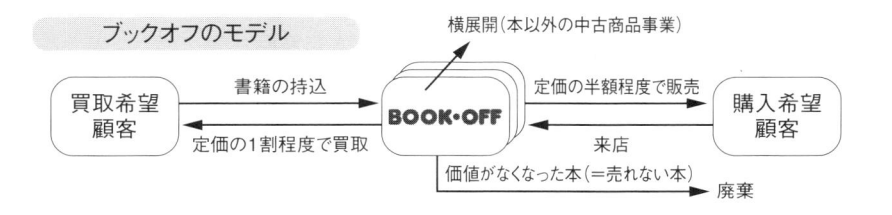

```
卸業者・      委託販売（＝仕入）    一般書店     定価販売      購入希望
出版社    ─────────→              ←─────────       顧客
          ←─────────            ─────────→
          返品（＝売れない本）        来店
```

ブックオフのモデル

```
                          横展開（本以外の中古商品事業）
                              ↑
買取希望      書籍の持込    BOOK・OFF    定価の半額程度で販売    購入希望
  顧客    ─────────→              ←─────────────       顧客
          ←─────────            ─────────→
          定価の1割程度で買取         来店
                              価値がなくなった本（＝売れない本）
                              ──────────────→ 廃棄
```

第4章 競争戦略

28 バリュー・チェーン

概要　バリュー・チェーン（Value Chain：価値連鎖）はポーターが考案したフレームワークで、企業の様々な活動が最終的な付加価値にどのように貢献しているのか、その量的・質的な関係を分析するツールである。ここでいうバリューは顧客から見た価値であり、それが企業活動のどのプロセスで発生するかを明らかにする。

ポーターは、企業の活動を「購買物流」「製造」「出荷物流」「販売・マーケティング」「サービス」という5つの主活動と、「人事・労務管理」「技術開発」「調達活動」という3つの支援活動に分けて、下図のような標準的なバリュー・チェーンを示した。

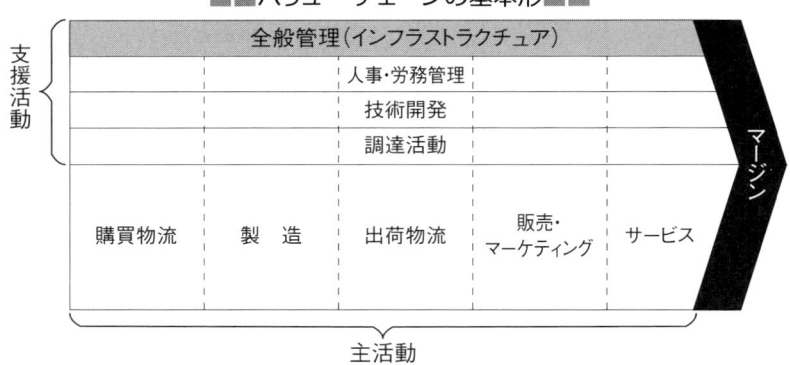

■■バリュー・チェーンの基本形■■

支援活動	全般管理（インフラストラクチュア）					マージン
	人事・労務管理					
	技術開発					
	調達活動					
	購買物流	製造	出荷物流	販売・マーケティング	サービス	

主活動

出典：M.E.ポーター『競争優位の戦略』ダイヤモンド社, 1986, p.49

企業は、新たに事業を展開するとき、顧客に最高の価値を提供できるよう、合理的にバリュー・チェーンを設計する。各活動の効率をあげるとともに、関連する活動を調整する。また、バリュー・チェーンが非効率になったら組み換えなどを行う。

㉘ バリュー・チェーン

活用の ポイント　バリュー・チェーンは、成長戦略と競争戦略の双方に関連する。企業が成長するために、バリュー・チェーンの分担領域を拡張することがある。メーカーが卸売や小売に進出するなど川下に向かう動きを**前進統合**、逆に小売が卸売や製造など川上に向かう動きを**後進統合**という。

　新たに事業を始めるとき、企業は顧客に価値を届けるために合理的なバリュー・チェーンを設計する。ただし、合理的なチェーンを構築したらそれで終わりでなく、内外の環境変化に対応し不断に見直しを行うべきである。事業の競争力を高めるには、顧客価値を提供するのに合理的かどうか、個々の活動が企業の成果にどれだけ結びついているか、といった点を評価し、戦略的に重要な活動を見つけ出して改善したり、価値を生まない活動を停止したりする。

■バリュー・チェーン見直しの留意点

　バリュー・チェーンの見直しでは、次の2つの点に留意するとよい。一つは、顧客にとって価値のあるチェーンであること。長く続けてきたバリュー・チェーンは、当初は顧客にとって有益であっても、市場環境・顧客ニーズ・技術などの変化によって非効率なものに変わっているかもしれない。顧客にとって最高の価値を実現することを基準に、ゼロベースで活動の組み換えを考える必要がある。顧客価値を基点にビジネスプロセスを抜本的に見直す経営改革手法を**リエンジニアリング**（Re-engineering）という。

　もう一つは、自社が得意とする構成要素に集中し、不得意な要素は省略することである。単独でバリュー・チェーンのすべての要素を担当する企業もあるが、たいていの企業は一部分を担当し、他の要素は他社に任せる。すべての要素を担当しようとすると、経営資源の分散を招く。自社の強み・弱みを考慮して、強みを発揮できる要素に経営資源を集中する一方、強みを発揮できない要素を省略したり、弱い要素について他社との提携や**アウトソーシング**を検討する必要がある。

■アスクルとユニクロのケース

バリュー・チェーンの見直しによって競争優位を実現した例として、オフィス用品配送サービスのアスクルとユニクロがある。

アスクルは、メーカー→小売→顧客という従来の商品・代金の流れを見直し、エージェントが顧客開拓と代金回収を請負い、受注・配送はアスクルが顧客との間で直接行うというモデルを導入した。このモデルによってアスクルは、流通の無駄を省き、オフィス用品の注文後翌日配送を実現した。

ユニクロのブランドでアパレル・チェーンを展開するファーストリテイリングは、企画・生産から販売までを統合的に管理するSPAを構築し、安さを実現している。

■■ユニクロのバリュー・チェーンの例■■

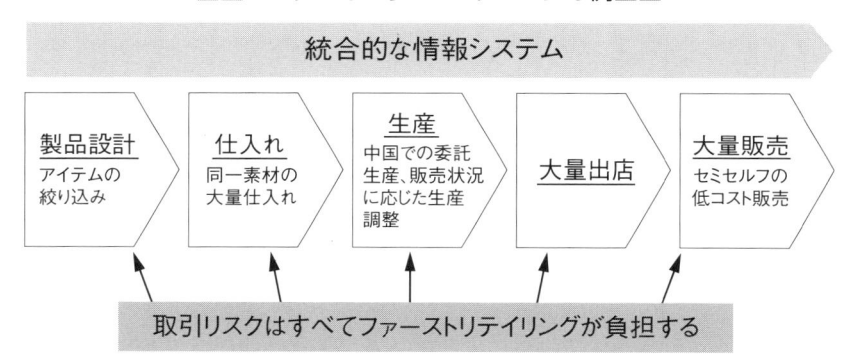

統合的な情報システム

製品設計	仕入れ	生産	大量出店	大量販売
アイテムの絞り込み	同一素材の大量仕入れ	中国での委託生産、販売状況に応じた生産調整		セミセルフの低コスト販売

取引リスクはすべてファーストリテイリングが負担する

従来のアパレル業界では、バリュー・チェーンの各段階を多数の企業で分担していた。百貨店の影響力が強く、売れ残った場合には仕入先に返品するという特異な商習慣があった。メーカー・卸が返品を見越して高い値段で小売に販売するため、小売販売価格も割高であった。

これに対してユニクロは、バリュー・チェーンの上流から下流まで自社でコントロールし、返品をなくすことによって低価格を実現した。もちろん、返品ができないので売れ残りのリスクがある。そこでユニクロは、①流行り廃れの少ないベーシックを中心に、②アイテム数を絞り込む、③大

量出店とセミセルフ方式によって大量販売、④商品は見込み販売量の半分を投入し販売数量に応じて機動的に商品を投入、という管理を行っている。こうした統合的なバリュー・チェーンの管理によって、ユニクロは安くても儲かる仕組みになっている。

スマイルカーブ

戦略策定では、バリュー・チェーンのどの段階を担うかが問題になる。その中で注目される考え方が**スマイルカーブ**である。スマイルカーブは、台湾のPCメーカー、エイサーのスタン・シー会長が提唱した概念で、下図のように、ある業界において縦軸に利益率（または付加価値率）、横軸にバリュー・チェーンの機能段階を並べると、U字型のスマイルを描くというものである。

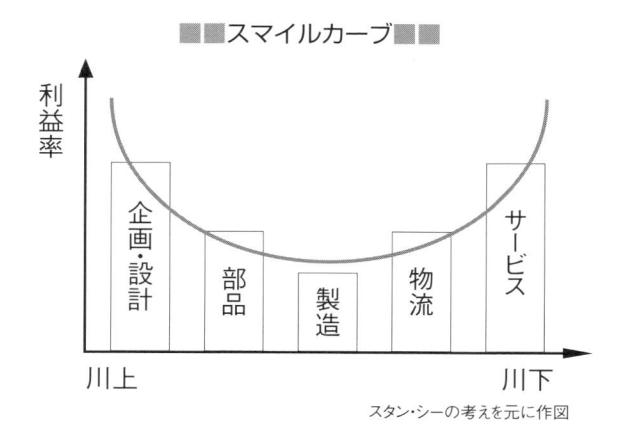

■■スマイルカーブ■■

縦軸：利益率
横軸：川上　企画・設計　部品　製造　物流　サービス　川下

スタン・シーの考えを元に作図

　多くの業界でスマイルカーブが見られ、製造段階が儲からなくなっている。日本メーカーが得意とする"モノづくり"が優位性を失いつつあり、企画・設計段階やサービスに注力し、製造機能を**アウトソーシング**やOEMにする戦略が重要になってくる。一方、トヨタが高い収益を実現している通り、モノづくりが全然儲からないわけではない。モノづくりが儲かるかどうかは、その企業のアーキテクチャのあり方だという見解が一般的である（→「11．製品アーキテクチャ」p.38参照）。

29 バリューネット

概要

規制緩和やグローバル競争で業種・業界の垣根が崩れ、"異種格闘技戦"の様相を呈する今日の競争環境では、誰が敵で誰が味方かよくわからないことがある。このときゲーム理論を援用した**バリューネット**（Value Net：価値相関図）が競争状況を分析するのに有用である。

バリューネットでは、企業から見て顧客サイドについて、競合企業と補完的生産者を次のように定義する。

- 利害関係者の製品を顧客が所有したときに、顧客にとっての自社製品の価値が増加する場合、その利害関係者を補完的生産者とよぶ。
- 利害関係者の製品を顧客が所有したときに、顧客にとっての自社製品の価値が下落する場合、その利害関係者を競合企業とよぶ。

供給サイドについても、同様の定義ができる。

- 供給業者が利害関係者に供給すると、自社への供給も魅力的となる場合、その利害関係者を自社の補完的生産者とよぶ。
- 供給業者が利害関係者に供給すると、自社への供給が魅力的でなくなる場合、その利害関係者を自社の競合企業とよぶ。

競合企業の優位性を削ぐよう対応するとともに、補完的生産者と協業して、市場の拡大などに努める。

活用のポイント

伝統的な競争戦略では、業界内の同業者と比較したポジショニングのあり方が重要であった。しかし、バリューネットは同業かどうかに関係なく、幅広く競合関係をとらえる必要性を示唆している。

CPUを製造するインテルは2003年、日本のDRAMメーカー、エルピーダ・メモリに出資した。DRAMでは、90年代に日本勢が相次いで

㉙ バリューネット

事業撤退したことから韓国サムソンの支配力が強まっており、寡占によってDRAMの価格が上昇しつつあった。インテルの顧客であるPCメーカーにとって、DRAMの価格上昇はコストアップになる。PC価格が上がると、PCの需要が減少し、インテルが独占的に供給するCPUの売上が減少する。インテルは、エルピーダの支援によってDRAM市場を競争的にし、DRAM価格の引き下げ、ひいては自社の販売数量を確保しようとしたのだった。

つまり、バリューネットの考え方では、インテルという企業から見て、エルピーダは補完的生産者、サムソンは競合企業ということになる。

一般に、自社がビジネスを展開する市場が小さい場合には、顧客の数を増やすために競合関係にある企業と補完関係を構築する。

また、ソニーのブルーレイが業界標準になった次世代DVDの規格競争に見るように、補完的生産者との間で協業して、いち早くデファクトスタンダードを構築することが重要である。

■■バリューネット■■

```
            顧  客
           /      \
   競合企業 ─ 企  業 ─ 補完的生産者
           \      /
            供給者
```

出典：B.J.ネイルバフ、A.M.ブランデンバーガー『コーペティション経営』日本経済新聞社, 1997, p.29を一部修正

30 先行優位性

概要

企業の競争優位性は、事業展開のスピードによって決まることがある。新しい事業機会に先行して取り組んだ企業が優位に立つことを**先行優位性**、あるいは**先行者利益**という。特に新規事業開発では、先行優位性が重要だとされる。

ただし、先行者はうまくいけば大きな果実を得られる一方、大きなリスクを伴う。先行優位性が当てはまるかどうかを慎重に見極める必要がある。

活用のポイント

新製品開発・新市場開拓では、先行優位性を示す事例は多い。シェア10％だったアサヒビールは、1987年に日本初の辛口生ビール、スーパードライを発売し、新市場を切り開いた。当時、圧倒的なリーダーだったキリンなど各社がすぐに追随し、「ドライ戦争」が勃発したが、勝ち残ったのは先行者のアサヒであった。消費者のブランド認知が重要なビール業界では、先行優位性が働いたのである。ただし、先行者が常に優位に立てるというわけではなく、失敗例もまた多い。古くは、家庭用ビデオの規格競争で、性能的に優れていたソニーのベータ方式は、後発のビクター、松下電器産業（現・パナソニック）のVHS方式に敗れたのである。

先行者優位性が働くには、次のような条件がある。

① **経験曲線効果**

累積生産量が倍になるたびに、一定割合（20～30％）で単位コストが低下することを**経験曲線効果**という。特に製造業では市場に早期に参入し、多くの生産を行うことで、コスト競争力で優位に立てる。

② **ネットワークの外部性**

ネットワークの参加者が増えるほどネットワークそれ自体の価値が増すことを**ネットワークの外部性**という。ITビジネスで見られるように、他

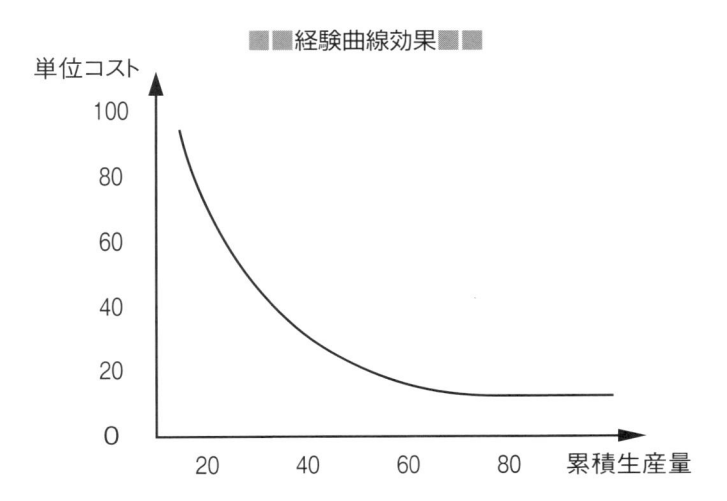

■■経験曲線効果■■

```
単位コスト
100
 80
 60
 40
 20
  0
     20   40   60   80   累積生産量
```

社に先駆け標準的なネットワークを確立すると、後続企業は既存のネットワークに則ることが必要になり、事業展開が不利になる。

③ ブランド

製品・サービスの種類によっては、ブランド力が顧客の選択でものをいう。アサヒのスーパードライのように、いち早く市場内でブランドを構築すると、後続企業の事業展開が制約される。

④ スイッチングコスト

他社製品に切り替えようとするとき、追加的に発生する費用のことを**スイッチングコスト**という。セコムのホームセキュリティ・システムのように、先行者の製品のスイッチングコストが大きい場合、顧客は後続企業に切り替えることを躊躇するものである。

以上の条件に当てはまるような製品なら、多少不完全なビジネスモデルであっても早めに行動するのが得策であろう。逆に、以上の条件に当てはまらない製品なら、先行者の動向を注視し、リスク要因などを見極めてから参入するという選択が考えられる。

31 QCD

概要　製品戦略・顧客満足を検討するとき、あるいは生産管理について考える際には、**QCD** を評価することがある。
・Q（Quality：品質）
・C（Cost：価格）
・D（Delivery：納期）

　これらは**需要の3要素**とよばれ、3つのどれで競争優位を打ち出していくかがポイントになる。

活用のポイント　QCD という3つの要素は、トレードオフ、つまり「あっちを立てればこっちが立たない」という関係にあることに注意が必要だ。品質を高めるために徹底的に設計・検査を行うと、コストアップで販売価格が高くなったり、納期が遅れやすくなる。コストダウンを優先すると、設計の簡素化などで品質が低下したり、作業人員不足で納期が遅れたりする。納期厳守を徹底すると、やっつけ作業になって品質が悪化したり、残業代などの増加によって価格が高くなる。

　この3要素を高レベルでバランスさせることのできる企業が優良企業ということになる。トヨタは、耐久性や燃費などが高品質であると同時に、改善活動や部品メーカーとの協業による原価低減、カンバン方式による短納期と、高いレベルでの3要素を維持している。

　ただし、トヨタのような経営資源・組織能力に恵まれた企業でもない限り、3つのすべてに卓越するのは難しいであろう。したがって、やはり優先順位をつけて、重点的に優位性を構築するべきである。

　日本企業は伝統的に品質を重視する傾向があり、Q→D→Cという優先順位が多く見られる（明文化されていない場合でも）。しかし、日本企業の過剰品質の問題や、拡大する新興国市場での低価格化が市場開拓の条件になっていることから、この順序でよいのかという議論が高まっている状況である。

㉛ QCD

なお、生産マネジメントでは、QCDの目標を決めたら、**生産の4要素、4M**で展開していく。
・Machine：機械
・Man：労働者
・Material：材料
・Method：方法

■■生産管理のチェック表■■

		生産の4要素			
		Machine	Man	Material	Method
需要の3要素	Quality		●		
	Cost	●			
	Delivery				

　上表のように、需要の3要素と生産の4要素をクロスして網羅的にチェックすることで、生産管理がレベルアップする。例えば、マブチモーターは、1960年代前半まで、顧客からの要望を受けて製品のカスタマイズをしていた。その頃は他のモーターメーカーと同様に、労働者（Man）による品質（Quality）を重視していた。しかし、1960年代に海外進出したのを契機に、計画的な見込み生産の発想を取り入れるようになった。海外生産では、日本とのコミュニケーションや労働者の質に問題があることから、作業を単純化し、機械（Machine）によって低価格化（Cost）を実現した。

第 **5** 章

マーケティング戦略

　モノ余りの現代は、企業が顧客を獲得・維持することが難しい。顧客価値を高めるための活動をマーケティングとよぶ。
　第5章では、マーケティング・ミックスを中心に、マーケティング戦略を立案する上での具体的なフレームワーク・コンセプトを紹介する。

32 マーケティング・ミックス

概要　マーケティング手段（要因）を統合して、最適なかたちでウェートづけし組み合わせていくことを**マーケティング・ミックス**（marketing mix）とよぶ。これは、企業がマーケティング目標を達成するために用いる「マーケティング・ツールの組み合わせ」と表現してもよい。

　マッカーシー（McCarthy, E. J.）は、マーケティング・マネジャーにとってコントロールできる代表的なマーケティング手段を Product（製品）、Price（価格）、Place（場所・流通）、Promotion（促進）として、その頭文字をとって「マーケティング・ミックスの4P（The Four P Components of the Marketing Mix）」とよんだ。**これがマッカーシーの「4P（McCarthy's Four Ps）」**とよばれるもので、覚えやすいこともあって、この名称はマーケティング研究者の間に浸透し、実業界でも知られるようになった。その構成要素は以下のようなものがある。

■■■4Pの構成要素■■■

	主な構成要素
製　品	品質、デザイン、ブランド名、パッケージ、サイズ、サービス、保証、返品
価　格	標準価格、割引（ディスカウント）、取引量に見合う値引き（アローワンス）、支払期限、信用取引条件
場　所	チャネル、流通範囲、品揃え、立地、在庫、輸送
促　進	販売促進、広告、広報、販売組織、ダイレクトマーケティング

活用のポイント　マーケティング・ミックスの実行にあたっては、個々の要素（マーケティング手段）間の整合性が大切である。具体的にマッカーシーの4Pでいえば、それぞれの「P」は独立したものではなく、相互に関連がある。例えば、製品の品質やブラン

ド力は価格に強い影響を与えているし、その価格もプロモーションや流通の仕方と密接につながっている。高品質のブランドイメージを維持するためにはチャネルをコントロールしなければならないが、多数の中間業者をチャネルに置く場合は、流通マージンを考えた価格設定が不可欠になる。消費者にとって、製品と価格と広告イメージは一体のものであり、各要素がバラバラであっては、マーケティング・ミックスの訴求力は弱くなる。

　第二に、個々のマーケティング・ミックスは、全社戦略や事業戦略と密接に結びついており、基本戦略との整合性が重要である。

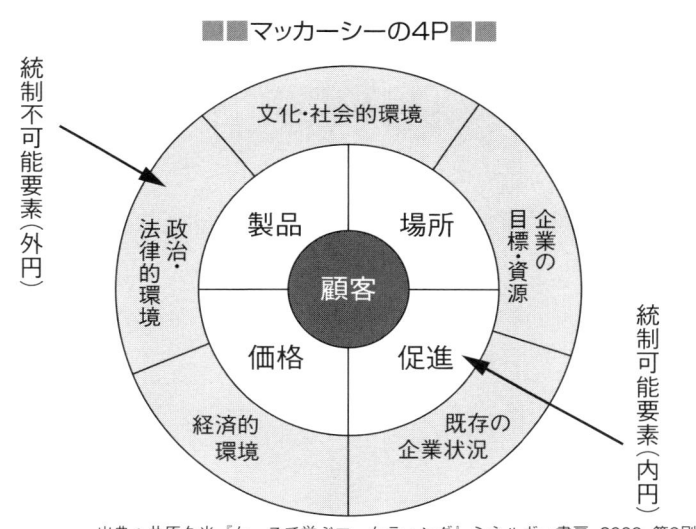

■■■マッカーシーの4P■■■

統制不可能要素（外円）

統制可能要素（内円）

外円：文化・社会的環境／政治・法律的環境／経済的環境／既存の企業状況／企業の目標・資源

内円：製品／場所／価格／促進／顧客

出典：井原久光『ケースで学ぶマーケティング』ミネルヴァ書房, 2009, 第9刷, p.85

　マッカーシーが4Pを唱えた頃は上図で示すように、「文化・社会的環境」や「政治・法律的環境」「経済的環境」と同様に「企業の目標・資源」を、**統制不可能要素**（uncontrollable element）として外円に除外し、中央の顧客を囲む内円にある4Pのみをマーケティング・マネジャーにとって**統制可能要素**（controllable element）としていた。しかし、現在のマーケティング概念はマッカーシーが考えた頃よりは拡大しており、企業の理念や社会的な貢献など、より広い観点からマーケティング・ミックスをとらえている。消費者は製品イメージに企業イメージを重ねて見ており、

マーケティング・マネジャーは全社戦略や事業戦略と４Ｐの整合性をしっかりとっていかなければならない。

　第三に、４Ｐは企業側から見たマーケティング手段であるため、顧客側から定義する動きもある。例えば、ラウターボーン（Lauterborn, Robert）は、４Ｐを顧客側から定義し直して、「Product」を「顧客ソリューション（Customer Solution）」、「Price」を顧客が支払う「顧客対価（Customer Cost）」、「Promotion」を企業と顧客の「コミュニケーション（Communication）」、「Place」を顧客にとっての「利便性（Convenience）」と名づけ、「４Ｃ」とよぶように提唱している。

▌レーザーのミックス

　レーザー（William Lazer）**の３つのミックス**は、**プロダクト・ミックス**（product mix）、**ディストリビューション・ミックス**（distribution mix）、**コミュニケーション・ミックス**（communication mix）の３要素から成り立っている。

　さらに３要素はサブ・ミックスから成り立っている。プロダクト・ミックス（以下Ｐミックス）は、製品のブランド、価格、サービス、製品ラインなどからなる。ディストリビューション・ミックス（以下Ｄミックス）は、物的流通と流通経路（商流あるいは取引流通）に分かれている。コミュニケーション・ミックス（以下Ｃミックス）には、広告宣伝活動やセールスマンによる人的販売、販売促進など、顧客に情報を提供する手段が含まれる。なお、広告活動では、各種の広告媒体を有効に組み合わせることを**メディア・ミックス**、販売促進手段を組み合わせることを**プロモーション・ミックス**とよんでいる（→「37. プロモーション・ミックス」p.134参照）。

　レーザーのミックスは、マッカーシーの４Ｐのうち価格（price）がＰミックスに入っているものの、Ｄミックスを「流通（place）」、Ｃミックスを「販売促進（promotion）」と考えれば「４Ｐ」と共通する。

㉜ マーケティング・ミックス

■■マーケティング・ミックス：システム・コンセプト■■

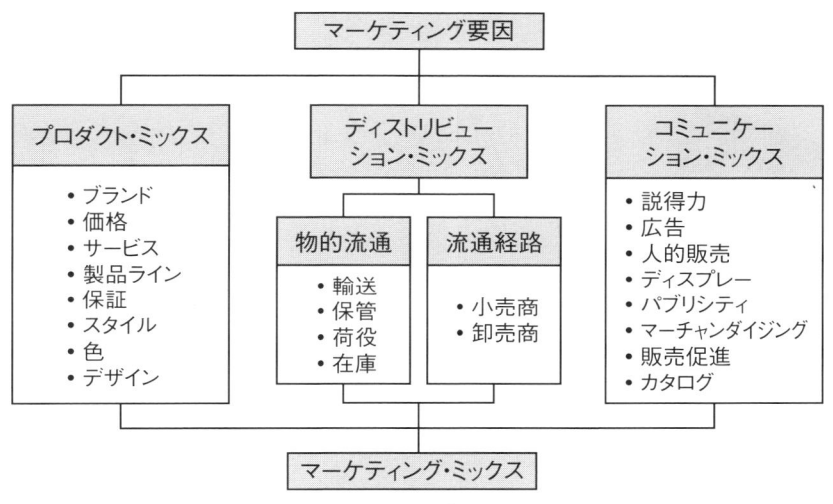

```
                    ┌─────────────────┐
                    │ マーケティング要因 │
                    └─────────────────┘
                             │
        ┌────────────────────┼────────────────────┐
        │                    │                    │
┌───────────────┐   ┌─────────────────┐   ┌─────────────────┐
│プロダクト・ミックス│   │ディストリビュー │   │ コミュニケー   │
│               │   │ション・ミックス │   │ ション・ミックス │
└───────────────┘   └─────────────────┘   └─────────────────┘
・ブランド              ┌─────┐ ┌─────┐      ・説得力
・価格                  │物的流通│ │流通経路│    ・広告
・サービス              └─────┘ └─────┘      ・人的販売
・製品ライン            ・輸送    ・小売商      ・ディスプレー
・保証                  ・保管    ・卸売商      ・パブリシティ
・スタイル              ・荷役                  ・マーチャンダイジング
・色                    ・在庫                  ・販売促進
・デザイン                                      ・カタログ
                             │
                    ┌─────────────────┐
                    │マーケティング・ミックス│
                    └─────────────────┘
```

出典：レーザー『現代のマーケティング』丸善，1974, p.16を一部修正

▎アサヒビールのスーパードライのケース

　スーパードライが発売された当時、ビールの価格は横並びだったので、４Ｐよりも、レーザーの「３つのミックス」がよくあてはまる。アサヒでは、Ｐミックスを「商品力」、Ｄミックスを「営業力」、Ｃミックスを「情報力」と位置づけ、相互の整合性をはかった。これを社内では「三面等価の原則」とよんでいた。

　ＰミックスとＤミックスの整合性では、「商品見本の全店配布」「４セル運動」「フレッシュローテーション」などを展開し、営業担当者が商品力のネタを通じてチャネルと対話ができるようにした。ＰミックスとＣミックスの整合性では、それまでのイメージ優先の広告でなく「DRY、辛口、生」「生、キレ、鮮度」と商品力訴求型の広告を展開。ＣミックスとＤミックスの整合性では、広告宣伝の仕事（全国展開試飲キャンペーン）と営業部門の仕事（店頭試飲会）を結びつけた。

　このようにスーパードライでは、マーケティング・ミックスに整合性がとれていたのである。

33 イノベーター理論

概要

イノベーター理論とは、ロジャーズ（Rogers, Everett M.）が提唱したイノベーション（新製品）の普及に関する理論のことである。彼によれば、イノベーションが採用される過程は平均採用時間（$\bar{x}$）を中心とする標準偏差（sd）の正規分布として5つのグループに分類できる。

■■イノベーター理論における5つのグループ■■

グループ	構成比	特徴
革新者 （innovators）	2.5%	冒険好きで、新製品にいち早く飛びつくが、大衆とは乖離しており流行が始まるともう別のものに関心が移る
初期採用者 （early adopters）	13.5%	追随者に影響を与えるオピニオンリーダー的役割を果たす
前期追随者 （early majority）	34%	ある程度価格が安定した時期に、オピニオンリーダーや広告などの影響で新製品を購入する
後期追随者 （late majority）	34%	最初の情報（例えば広告）だけで飛びつかず、慎重に口コミや第三者情報（パブリシティ）を検討する
遅滞者 （laggards）	16%	新製品にはなかなか手を出さない保守的なグループ

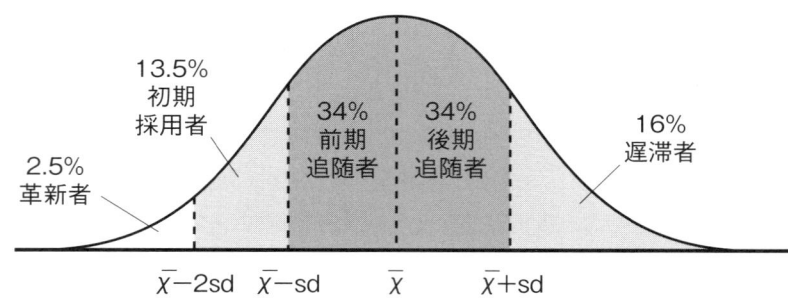

出典（下図）：E.M.ロジャーズ『イノベーション普及学』産業能率大学出版部, 1990, p.356を基に作図

㉝ イノベーター理論

活用のポイント

イノベーター理論の第一の特徴は、ほとんどの人が潜在的購買者であると仮定していた大衆市場的アプローチ（マス・マーケット・アプローチ）を否定して、新製品に関する関心や関与（involvement：その製品に対する思い入れ）の度合いは、例えば、イノベーターは真っ先に新製品を取り入れるが、遅滞者は最後に採用するように、消費者のタイプによって違うということを理論的に示したことである。

第二の特徴は、普及（顧客から見ると「採用」）が急速に進むポイントを示したことである。ベルカーブ（釣鐘型）の各消費者タイプを累積すると、全体市場における商品普及の累積度数分布はS字カーブになるが、イノベーターとオピニオンリーダーの割合を足した16%のラインを超えると、S字カーブが急激に上昇して普及率が進む。つまり、このラインが商品普及の離陸ポイントで、「普及率16%の論理」ともいわれる。

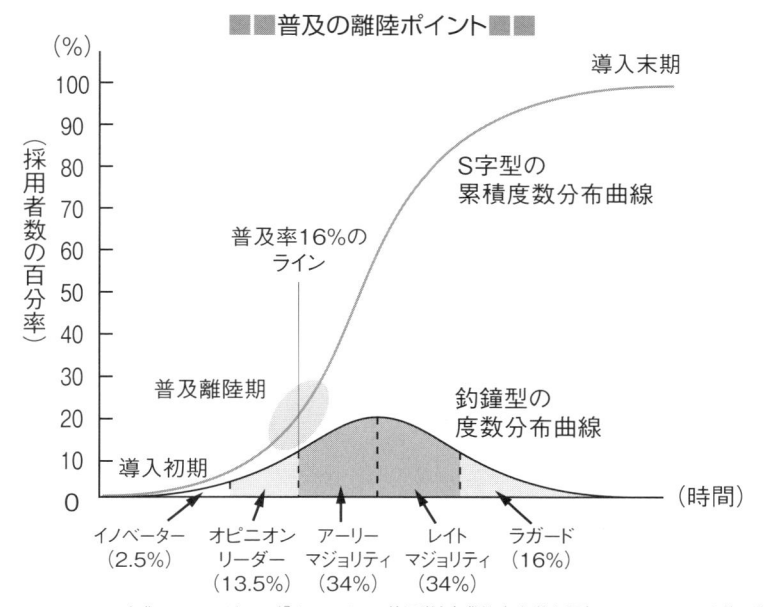

■■普及の離陸ポイント■■

（縦軸：採用者数の百分率（%）、横軸：時間）

- 導入末期
- S字型の累積度数分布曲線
- 普及率16%のライン
- 普及離陸期
- 釣鐘型の度数分布曲線
- 導入初期
- イノベーター（2.5%）
- オピニオンリーダー（13.5%）
- アーリーマジョリティ（34%）
- レイトマジョリティ（34%）
- ラガード（16%）

出典：E.M.ロジャーズ『イノベーション普及学』産業能率大学出版部, 1990, p.350を基に作図

第三の特徴は、個人の影響力、あるいは口コミの影響力の大きさを科学

的に示したことにある。ロジャーズは、以下に述べる「煮沸消毒の指導普及」など豊富な事例研究を積み重ねて、コミュニケーションは、同類的な者同士で行われるときに、より効果的で快適になり、新知識の獲得も活発になることを証明した。これは、一方通行のマス広告よりも、個人的に仲間から仕入れた口コミ情報にしたがって、人々が新製品を採用することを物語っている。

　ただ、ロジャーズ自身、このモデルは「理念型」で現実のパターンはもっと複雑だということや、5つの採用者カテゴリーの境界は曖昧で、「不完全な採用」もあると認めている。例えば、テレビや冷蔵庫のように、ほぼすべての家庭で普及したものは、このような理念的な普及過程をたどるかもしれないが、コンビニの棚取りで競争しているような「消える新製品」では、せいぜい、数％程度の「新し物好き（革新者）」が買ってみただけという場合もあって「不完全な採用」になることもある。

▎ナマ水は飲むな！

　ロジャーズは、南米の村に「水は沸かして飲むように」とよびかけた衛生指導員のケースを紹介している。この事例では、衛生指導員が2年間、村に入り、ナマ水を飲まないように指導したのにもかかわらず、煮沸消毒の説得に応じた者は、新たに村に移り住んだ社会的アウトサイダー（部外者）だけであった。

　大勢の普通の村人たちは、「人間を溺れさすことのできるような水の中で細菌が生き残ることはない」とか「見えないバイ菌が大きな人間を殺すほどの力があるとは思えない」といった伝統的な見方を変えなかったので、指導員の細菌理論を受け入れなかったというのである。

　これは、人々が一方通行的な情報では、信念を変えないということを示唆している。衛生指導員が失敗したのは、地域社会のネットワークを無視して、一次直線的（一方通行的）に近代医学の情報を提供したからである。

▎ケース『世界の中心で、愛をさけぶ』

　小説『世界の中心で、愛をさけぶ』は、2001年の発売当初は初版わ

㉝ イノベーター理論

ずか 8,000 部であったが、その後のプロモーションによって、2004 年には、国内小説で史上最高の 306 万部を売り上げた。ここでは、イノベーター理論を切り口に分析してみたい。

本は、読んでしまえば終わりの「一回限り」のサービス財で、おまけに消費する前に支払う前払い制である。このため、タイトル、装丁のデザインや帯のメッセージが大切になる。著者の片山恭一が初めに想定したタイトルは「恋するソクラテス」だったそうで、「世界の中心で、愛をさけぶ」というタイトルは出版社がつけたという。

また、装丁は暗雲立ち上る空をバックにした CD ジャケット的なデザインで、ビジュアル感覚に富んだジェネレーション Y(当時 10 代後半から 30 代)を意識したと考えられる。

出版社の小学館は「1 週間だけでも目立つところに置いて下さい」という手書きの手紙を書店に 300 通送付したというし、読者の気を引きそうなキーワードを組み合わせて手書き POP を店頭で展開したと聞いている。

一般書の場合、革新者や初期採用者は、店頭で面白い本を探しているものである。当時採用した帯のメッセージは「泣きながら一気に読みました」という柴咲コウの感想文であり、本好きの雑誌『ダ・ヴィンチ』には感涙本として紹介された。

この辺から、柴咲コウの「かたちあるもの」、平井堅の「瞳をとじて」などの CD、森山未来と長澤まさみを主役にした映画などが企画され、前期採用者や後期採用者を意識したマスメディアの活用が検討された。後期採用者は、特に読書好きではなく、(ブーム化された)話題の作品で満足する傾向にある。

その後は、TBS テレビの金曜ドラマとして連続放映され、1 年に数冊しか読まない遅滞者にまで普及が進んだと考えられる。

この事例では、オピニオンリーダーになりやすい読書好きの層に向けて、目に留まりやすいタイトルや帯のメッセージをつけ、店頭で手書きの POP を展開しながら、口コミをフォローする形で雑誌、CD、映画、テレビなどのマス媒体を活用したことが成功につながったと考えられる。

第 5 章 マーケティング戦略

34 商品概念

概要

経済学では、**商品**（commodity）を**財貨**（goods）と**サービス**（service）に分けるが「財貨」を「モノ」とよぶことが多い。モノとサービスは以下のような特徴をもつ。

■■モノとサービスの違い■■

モノ（goods）	サービス（service）
有形で持ち運べる	無形で手では扱いにくい
消費するまで在庫される	生産と消費が同時で在庫がない
所有することができる	所有権の移転を伴わない

モノには、**消費財**（consumer goods）と**生産財**（産業財＝ industrial goods）がある。生産財は一般的には加工を要する中間財（完成していない半製品）だが、事業目的のために購入する品も含む。したがって、芝刈り機を自分の庭のために購入すれば消費財だが、造園業者が買えば生産財となる。

■■消費財と生産財の違い■■

消費財	最終消費者が自分の生活や消費のために購入する品
生産財	企業が消費財をつくるために購入する品

サービスの種類には多種多様あるが、主なものを以下にあげておこう。

■■サービスの種類■■

接客サービス	ホテル、観光など、ホスピタリティ産業
移動サービス	通信、運輸
金融サービス	銀行、証券、保険
専門サービス	教育、病院、介護、弁護士

34 商品概念

活用のポイント

　ここで、「商品」と「製品」を図式化して区別しておこう。商品（commodity）は商取引の対象として「販売されている品」であり、製品（product）は「製造されている品」である。一般的にも、商社や小売業者が仕入れて販売するものを「商品」とよび、メーカーが製造するものを「製品」とよんでいる。また、アイデアレベルのものを工場で試作し製造工程にのせることを「製品化」とよび、まだ発売されていない「製品」に名前をつけパッケージ化して売れる「商品」とすることが「商品化」である。

　商品と製品の関係を次図で示すと、左から①商品化されていない製品、②製造され販売されている商品（あるいは製品）、③仕入れている（製造していない）商品に分けられる。中央の②のエリアは、商品と製品が併用されていて混乱が起きやすいが、このエリアに属するものは「商品」とよばれることが多い。ただし、製品はproduct（成果物）の訳で、欧米の文献では商品（commodity）とほぼ同じ意味で使っている。「プロダクト・ライフ・サイクル（product life cycle）」「プロダクト・テスト（product test）」などは意味的に「商品」と代替できるが、commodityやmerchandizeとはいわない。コトラーは製品（product）を「ニーズまたはウォンツを満たしうるもの」と定義しており、むしろ商品というべきところで「製品」といっている。

第**5**章　マーケティング戦略

■■■商品と製品の関係■■■

①商品化されていない製品　　　②製造され販売されている商品

製品
＝
製造された品

製品と商品の
重なったエリア

商品
＝
販売された品

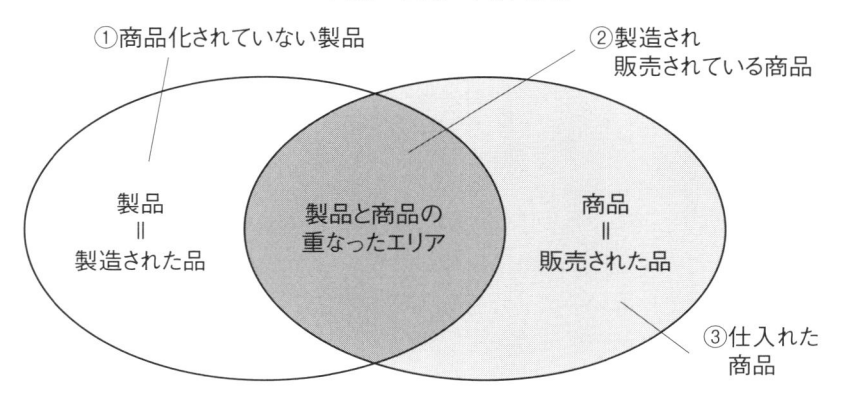

③仕入れた商品

■製品の5つのレベル

コトラー（Kotler, P.）は、製品を5つのレベルで説明している。もっとも基本的なレベルは、「中核ベネフィット（core benefit）」あるいは「中核製品（core product）」とよばれるもので、買い手が何を求めているかという根本的な問いに答えるものである。ホテルでたとえれば、「睡眠と休息」にあたる。

次のレベルは「基本製品（basic product）」とよばれるもので、製品の基本的な構成要素である。ホテルの場合、ベッド、風呂、タオルなどからなり、物理的な製品の場合は、機能、品質、スタイル、ブランドネーム、パッケージ（包装・容器）といった特性があげられる。

第三のレベルは「期待製品（expected product）」で、製品を構成する要素に関する期待を表している。ホテルの場合、清潔なタオル、安眠に必要な静かさなどである。

第四のレベルは「拡張製品（augmented product）」とよばれるもので、基本製品から受容され経験されるベネフィットの総体である。コトラーは、当初、拡張した製品（extended product）という表現を使って、製品を買ったときに得られる無料の配送や取り付け、保証、アフターサービスなど、と説明していた。しかし、その後に、レビットのプロダクト・オーグメンテーション（product augmentation）の概念を採用して、顧客の期待を上回る製品を用意すべきと述べている。ホテルの場合、送迎サービス、スパやジムなど、予想を上回るサービスがこれにあたる。

第五のレベルは「潜在製品（potential product）」とよばれるもので、潜在的なニーズによって拡張可能な将来の製品レベルである。コトラーは、マリオット・タウンプレース・スイーツという長期滞在型ホテルの例をあげている。

次頁の図の5つのレベルは、中核ベネフィットをしっかり見据えた上で、顧客価値をどのように創造していくかを表わしている。レビットは「人は製品を買うのではない。製品がもたらすベネフィットに対する期待を買うのである」と述べている。

34 商品概念

■■製品の5つのレベル■■

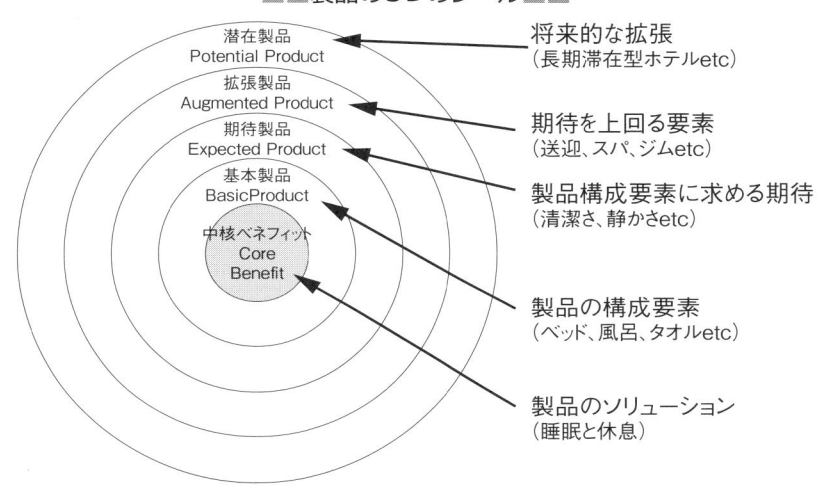

- 潜在製品 Potential Product → 将来的な拡張（長期滞在型ホテルetc）
- 拡張製品 Augmented Product → 期待を上回る要素（送迎、スパ、ジムetc）
- 期待製品 Expected Product → 製品構成要素に求める期待（清潔さ、静かさetc）
- 基本製品 BasicProduct → 製品の構成要素（ベッド、風呂、タオルetc）
- 中核ベネフィット Core Benefit → 製品のソリューション（睡眠と休息）

出典：P. コトラー『コトラーのマーケティング・マネジメント基本編』ピアソン・エデュケーション、2002, p.227を参考に修正加筆

■ハーレーダビッドソンのケース

ハーレーダビッドソンのジェリー・ウィルキー副社長は、「ハーレーが何かわかっている人には説明する必要がなく、まだわかってない人には説明できない」という表現でハーレーの魅力を語っている。

ハーレーファンは、ハーレー以外では得られない「乗る」楽しみ、ハーレー仲間と「出会う」楽しみ、部品を替えて世界でたった1台しかない自分だけのハーレーを「創る」楽しみ、ジャンパーなどハーレーらしく「装う」楽しみ、米国文化やハーレーの歴史を「知る」楽しみなど、様々なベネフィットを求めている。

そのために、ハーレーは、アクセサリーパーツやファッショングッズだけでなく、オーナーズクラブやイベントを用意している。製品だけでなく、拡張した製品群を用意して、新たな潜在的ニーズにも応えようとしている。プロダクト・オーグメンテーションとは、個別の顧客ニーズに期待以上に応えるという意味で、製品のパーソナライゼーションでもある。

35. 3つの基本価格戦略

概要

マーケティング・ミックスの４Ｐのうち価格（Price）は、販売量や利益などに大きな影響を与える。

価格決定には、需要志向、競争志向、原価志向（コストプラス）、という３つの基本戦略がある。

① **需要志向**
顧客の商品に対する価値認識を価格に反映させる方法

② **競争志向**
市場で対峙する競合企業の価格動向を考慮して価格設定する方法

③ **原価志向**
その商品を企画・設計・生産・販売するにあたって発生する単位当たりコストを計算し、それに一定の利益率を上乗せして価格設定する方法

企業は、製品の特徴・顧客との関係・自社の経営状況などを勘案して、３つの中から価格戦略を決定する。

活用のポイント

① **需要志向**
東京ディズニーランドは、入場料6,200円（大人）、１人当たりの園内支出額が約１万円である（2011年4月末現在）。自社のコストやユニバーサルスタジオなど競合を考慮した結果というよりは、家族４人４万円で１日休暇を楽しめることに十分な価値があると判断していると思われるので、需要志向である。

需要志向のうち、一つの製品について顧客ごとに需要の強さに応じて価格を変えることを**差異価格**とよぶ。また、購買者の心理を考慮して購入を促すことを**心理的価格**設定といい、次のようなものがある。

35 3つの基本価格戦略

- 慣習価格→自動販売機の飲料の価格がおよそ120円であるように、業界の慣習などで価格が決まっていること。
- 端数価格→「1,980円」といった中途半端な価格を付けることによって、割安感を演出すること。
- 名声価格→多くの化粧品が原価の数十倍で売られているように、品質などに対する名声・評判を高めるために、高価格を設置すること。

② 競争志向

家電量販店は、メーカーからの仕入れ価格を考慮するが、最低価格保証などに見られるように、競争志向の価格決定が濃厚である。

競争志向は、牛肉のような連産品で、同じ材料から複数の製品が得られるため個別製品のコストを正確に把握するのが難しい場合、市場での競合が激しい場合によく採用される。

③ 原価志向

LPGの卸売価格は、サウジアラビアなどガス供給国からの基準価格や為替相場にスライドして変動するようになっており、原価志向が支配的である。

損益分岐点を計算し、一定の利益を上乗せすることをコストプラス法という。競争が厳しくない業界や原価がはっきりしている製品は、コストプラス法など原価志向が採用される。

これら3つの価格決定方法の使い分けは必ずしも明瞭ではなく、複数の方法で決まっていることが多い。また、ある特定の商品でも、3つの方法をときどきの状況に応じて使い分けることがある。

36 新商品の価格決定

概要

新商品を発売するとき、価格戦略が重要な意味をもつ。新商品の価格政策は、大きく**市場浸透価格**（penetration price：**初期低価格政策**）と**上澄み吸収価格**（skimming price：**初期高価格政策**）に分けることができる。

- 市場浸透価格→低い価格を設定し、需要を喚起し、大きな市場の中で高いシェアを目指す。
- 上澄み吸収価格→高い価格を設定し、価格を気にしない特定の需要層に販売することによって、初期投資の回収を目指す。

どちらの価格政策を取るかによって、市場規模・販売量・利益などが大きく違ってくる。商品の特性や販売方針などに応じて、適切に使い分ける必要がある。

活用のポイント

市場浸透価格と上澄み吸収価格のどちらを選択するかには、いくつかのロジックがある。

- 価格を気にしない需要層が存在するかどうか
  →存在する場合は上澄み吸収価格、しない場合は市場浸透価格
- 製品・サービスに差別性や特殊な用途があるかどうか
  →ある場合は上澄み吸収価格、ない場合は市場浸透価格
- 特許や実用新案権など、何らかの法的根拠によって当該製品が保護されているか
  →されている場合は上澄み吸収価格、いない場合は市場浸透価格

以上のことは経済学でいうと**需要の価格弾力性**を意味する。一般に、価格が低下すると需要が増大するので、縦軸に価格、横軸に需要数量を取ると、右肩下がりの需要曲線が描かれる。ただし、製品・サービスによって、価格の変化による需要の変化度合いは概ね決まっており、右肩下がりの具

36 新商品の価格決定

合は異なる。

3Dテレビや海外旅行のような選択的に需要が発生するもの（A）は、価格次第で需要が大きく変動する（需要の価格弾力性が大きい）。この場合、企業は市場浸透価格を採って、市場を広げるのが望ましい。上澄み吸収価格では、他社の参入を招くだろう。

ガソリンのように代替品の少ない生活必需品やNASAで使う宇宙服のような特殊な用途のもの（B）は、価格の変化が需要量にあまり影響を与えない（需要の価格弾力性が小さい）。この場合、上澄み吸収価格を採用し、利益率の向上や初期投資の回収を目指すとよい。市場浸透価格では、原価割れで赤字に陥る事態が考えられる。

なお、価格政策は一度決めたら不変ということではなく、製品ライフサイクル（→「8．製品ライフサイクル」p.28参照）や市場環境の変化に応じて柔軟に変更する必要がある。特に、差別化された製品で最初は上澄み吸収価格を採用していても、やがてコモディティ化が進むと市場浸透価格への変更が必要になる場合が多い。

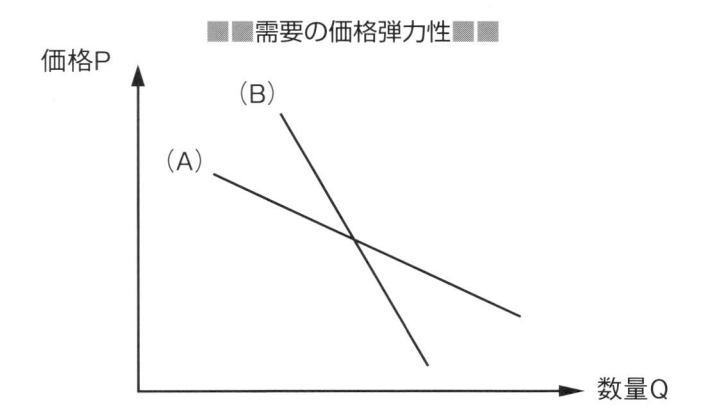

■■■需要の価格弾力性■■■

37 プロモーション・ミックス

概要

プロモーション（promotion）とは、他の４Ｐ（製品、価格、場所、促進）を消費者に知らせ、説明し、想起させるための、様々な活動で、コミュニケーション（communication）活動と解釈することもできる。

代表的なプロモーション手段には、①人的販売（営業マンによる販売活動）、②広告、③パブリシティ（広報活動）、④販売促進（セールス・プロモーション）があり、これらを選択し組み合わせることを**プロモーション・ミックス**（promotion mix）とよぶ。

活用のポイント

プロモーション・ミックスにおいて、プロモーション手段の組み合わせやそれぞれの比重を決定する要素は、少なくとも製品特性、消費者の購買意思決定過程、プロモーション・ミックス戦略などに左右される。

① **製品特性**

消費財と生産財（産業財）では、消費財の方が広告の効果が高く、生産財は営業マンによる人的販売の比重が高い。

消費財をさらに分けた商品分類で見ると、最寄品はマス広告が有効で、買回品では広告・販売促進・人的販売を合わせた活動が多く、専門品は販売員の専門的アドバイスやターゲット・ユーザーを絞ったプロモーション活動が有効とされている。

② **消費者の購買意思決定過程**

プロモーション手段は、消費者の購買意思決定過程に即して効果的に選んでいく必要がある。アイーダ（AIDA）モデルで見ると、購買者の注目（Attention）をひくのは広告が有効で、関心（Interest）→欲求（Desire）を起こさせるために販売促進の比重を高め、購買（Action）に結びつけ

るには人的販売が有効といわれている（→「38．AIDMA」p.138参照）。

例えば、新車の投入では、発売当初はテレビ広告などで認知を高め、週末の新車展示会でキャンペーン活動を行い、顧客の関心や欲求が高まった段階で、セールスマンが具体的な交渉を行い、最後にはオプション部品の選択や価格などを詰めて購買につなげるようなステップをとる。

■■■商品分類やアイーダ別に見たプロモーション手段の比重■■■

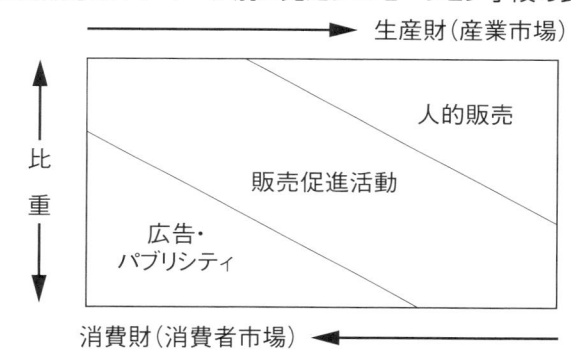

```
                        → 生産財（産業市場）
              ┌─────────────────────────┐
              │                   人的販売│
    比      ↑  │         販売促進活動       │
    重      ↓  │  広告・                   │
              │  パブリシティ              │
              └─────────────────────────┘
           消費財（消費者市場） ←
```

消費財分類：最寄品 → 買回品 → 専門品
AIDA：注意（A）→興味（I）→欲求（D）→購買（A）

P.J.Robinson and B.Stidsen, Personal Selling in a Modern Perspective, 1967, p.57を参考に作図

③ プロモーション・ミックス戦略

人的販売、広告、販促などを組み合わせたプロモーション活動は、その対象や方向によって、**プッシュ戦略**と**プル戦略**に大別され、プロモーション手段のどれに重点を置くかも、それぞれの戦略で異なってくる。

・プッシュ戦略（push strategy）

メーカー→流通業者→消費者のように、取引流通にしたがって、自社製品の取引拡大を促していく戦略で、メーカーから消費者の方向へ「押し出す」ように見えるため「プッシュ戦略」といわれる。

この戦略では、流通業者に対するセールスマンの営業活動や、流通業者向け販売促進（リベート・販売奨励金など高マージン、共同広告、看板提

供など）に重点が置かれる。

　この戦略は、流通業者が購買に強い影響を与える製品に有効である。例えば、①化粧品や薬など販売店での対面販売が有効な商品や、②家電製品など販売店のアフターサービスが求められる製品、③雑貨品など店頭で見て買うことの多い商品である。

- プル戦略（pull strategy）

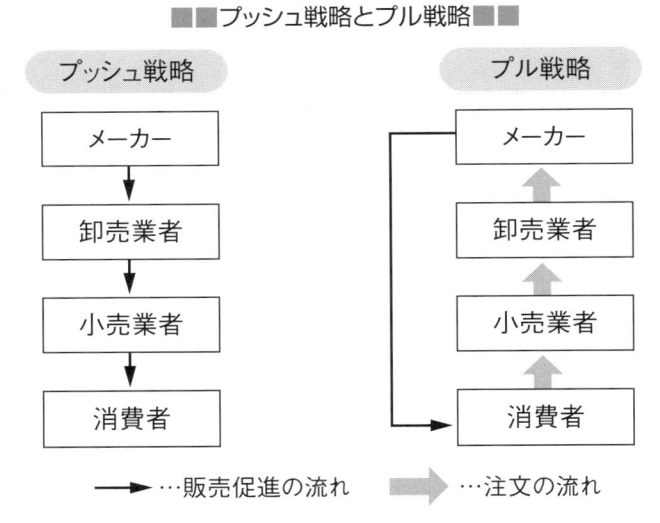

■■プッシュ戦略とプル戦略■■

プッシュ戦略	プル戦略
メーカー ↓ 卸売業者 ↓ 小売業者 ↓ 消費者	メーカー ↑ 卸売業者 ↑ 小売業者 ↑ 消費者

──→ …販売促進の流れ　⇒ …注文の流れ

出典：井原久光『ケースで学ぶマーケティング』ミネルヴァ書房, 2009, 第9刷, p.249

　消費者に製品のブランドを認知してもらい、消費者→流通業者→メーカーのように**指名買い**の流れを促す戦略で、消費者からメーカーの方向へ「引き込む」ように見えるため「プル戦略」とよばれる。

　この戦略では、テレビ・新聞などによって消費者に直接訴えるマス広告や、ダイレクトメールなどの直接広告、顧客に直接実演販売したり試供品などを配るデモ・アンド・サンプルが活用される。

　この戦略は、消費者が購買に強い影響をもつ場合に有効である。例えば、①食品など大量規格品で売れ足の速い品、②消費者の指名買いが多いブランド品、③消費者の認知度を高めたい新製品に適している。

㊲ プロモーション・ミックス

▌創業当時のコカ・コーラのケース

　米国のザ・コカ・コーラ・カンパニーは、設立直後の1892年度、社長のキャンドラーは、原材料費の半分を店頭用のビラ、カレンダー、ノベルティ、新聞広告、クーポン券などプロモーション費用にあてた。

　例えば、1894年には、無料でコカ・コーラが飲めるというクーポン券を14万杯分、配った。実は、無料引き換え券は、キャンドラーが経営を引き継ぐ前（1886年）にも配っているが、キャンドラーのやり方はユニークだった。

　まず、巡回セールスマンが薬局や薬局内にあるソーダファウンテンを訪問する。その店主に無料試飲キャンペーンの話をして、店主から顧客リストを入手する。

　コカ・コーラ本社は、リストにもとづいて無料試飲券を顧客に郵送し、相当分のコーラ原液を店主に提供する。同時に、その店に店頭用のポスター広告と販促用品を送付する。販促用品とは、コカ・コーラのロゴを入れたピッチャーやキャビネット、ケース、トレー、鏡、時計などで、そのまま店で使えるものばかりである。

　やがて、無料お試し券を持った客が店に来る。店主は、相当量の原液と、営業に必要な道具や用品が届いているので、すぐに対応できる。

　こうしたダイレクトメールを使った**プル戦略**と、ノベルティを利用した**プッシュ戦略**が、巡回セールスマンを通じた人的販売とマッチして、コカ・コーラを扱う店は急速に増大したのである。

第5章　マーケティング戦略

38 AIDMA

概要

ターゲット顧客に自社の商品・サービスを購入してもらうには、その商品・サービスを知ってもらうところから始まり、興味をもってもらう、欲しいと思ってもらうというプロセスを経る必要がある。このプロセスを **AIDMA**（アイドマ）とよぶ。

AIDMAとは、Attention（注目）、Interest（興味）、Desire（欲求）、Motive（動機）、Action（行動）の頭文字をとったもので、認知、知ることから始まり、欲しいという感情が湧き起こり、最終的に購入という行動につながるというプロセスを表現したものである。

活用のポイント

例えば、エンドユーザー向けの商品・サービスを想定した際には、Attentionの段階では、お客様に商品・サービスの存在を知ってもらうために、広告宣伝を打つ、チラ

■■AIDMAとは■■
AIDMAプロセス

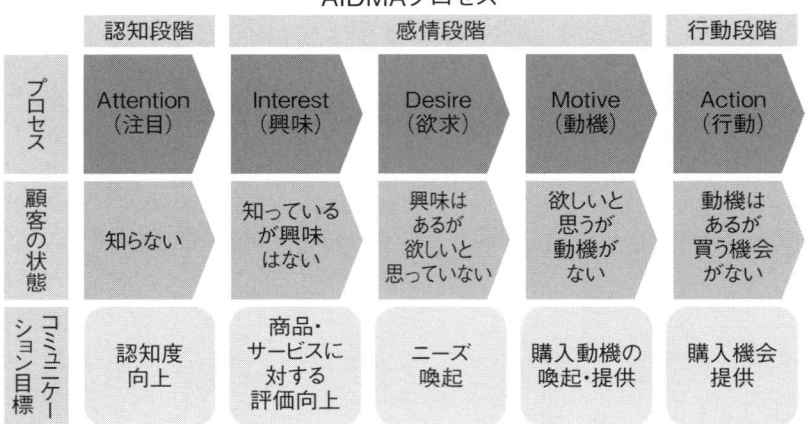

	認知段階	感情段階			行動段階
プロセス	Attention（注目）	Interest（興味）	Desire（欲求）	Motive（動機）	Action（行動）
顧客の状態	知らない	知っているが興味はない	興味はあるが欲しいと思っていない	欲しいと思うが動機がない	動機はあるが買う機会がない
コミュニケーション目標	認知度向上	商品・サービスに対する評価向上	ニーズ喚起	購入動機の喚起・提供	購入機会提供

※AIDMAは、前項37で紹介したロビンソンのAIDAにMが付け加わったもの。1920年代米国のローランド・ホールがAIDMA（M=Memory（記憶））として提唱したが、近年ではM=Motive（動機）として購入者の動機要素を強調する議論がある。その他Mの代わりにC（Conviction）：確信とするものもあり、様々な派生用語が生まれている。

38 AIDMA

シを入れる、目につきやすいところにお店を出す、営業訪問する、などといったことを行う必要がある。

　Interest の段階では、商品・サービスの特徴や良さをわかってもらう必要があり、安い、健康に良い、楽しい、共感できるなど、商品・サービスの特性に合わせて、なるべく短時間で、直感的にわかるように訴求できる必要がある。多くのメーカーや流通業が CM や POP を工夫するのはこのためである。Desire の段階では、お客様が自分や家族が喜ぶ顔をイメージして、「それが欲しい、買いたい」と思えるように誘導する。そして、Motive の段階では、今この時に購入すべきかどうかがポイント。今買ったら、すぐに使える、今困っていることにすぐに役立つなど、購入動機を引き起こさせる。Action の段階では、すぐに買える、購入手続きが取れる、家族と相談してすぐに決められる、予算以内であるなど、購買行動につなげられることが重要である。

　これらのステップをクリアしてはじめて、お客様は自社の商品・サービスを購入してくれるわけで、自社のマーケティングプロセスと業務プロセスの整合性をとる必要がある。もし、より効果的な AIDMA を構築するために業務プロセスの見直しの必要性が見つかれば、追加・修正を加える。例えば、Ｂ２Ｂビジネスでいえば、商談中に在庫確認ができる、より突っ込んだ価格交渉ができる、競合他社の価格情報がつかめるなどのアドバンテージがあると商談を決めやすい。

　AIDMA プロセスは、通常、初回の購入に至るプロセスを示しているが、事業はリピートが重要なので、リピート客（固定客）になってくれるプロセスや、さらに他のお客様に紹介してくれる心酔客（営業客）になってもらえるプロセスまで描ければベストである。

　近年、インターネットの普及により、**AISAS** というプロセスが注目されるようになった。AI までは AIDMA と同じで、Ｓは検索（Search）、Ａは購入行動（Action）最後のＳは他人とのシェア（Share）を指している。商品・サービスのタイプにより使い分けるとよい。また、Ｂ２Ｂビジネスでは、少し変形して AIDDA を使う（２番目のＤは意思決定（Decision）を指す）。

第5章　マーケティング戦略

39 チャネルの幅と長さ

概要 マーケティング・ミックスの4Pのうち、どのようにメーカーからユーザー消費者に製品・サービスを提供するかという経路を**流通チャネル**（Pでは、Place）という。流通チャネルを設計・運用するとき、一般に「幅」と「長さ」の2つの側面から検討するとよい。

「幅」とは、メーカーに対して、卸売業者・小売業者がどれだけ自由にチャネルに参加できるかを指し、次の3つに大別できる。

① **開放的チャネル**

卸売業者・小売業者が自由に参加できる、もっとも広いチャネル。

② **選択的チャネル**

販売量・取引条件・エリアなど、メーカーが示す条件を満たす業者がチャネルに参加できる、やや狭いチャネル。

③ **専属的（排他的）チャネル**

特定の地域では、メーカーと流通業者の関係が1対1となっている、もっとも狭いチャネル。**排他的チャネル**ともいう。

一方、「長さ」とは、メーカーから消費者に至るまで、何段階の卸売業者・小売業者が入っているかを示す。

もっとも長いのが、メーカー（Maker）から、卸売業者（Wholesaler）と小売業者（Retailor）を経て消費者（Consumer）に至る場合である。卸売業者は1社と限らず、2次卸、3次卸など複数の業者が入ることもある。もっとも短いのは、卸売業者と小売業者を抜いてメーカーから直販する場合である。

39 チャネルの幅と長さ

■■排他的チャネル■■

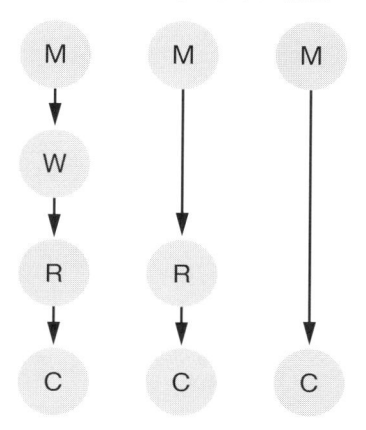

長い ◀ - - - - - - - - - - - - - - - ▶ 短い

> **活用の ポイント**　どのようにチャネルを設計するかは、業種・製品の特性・販売方針などの違いによって異なってくる。

◤チャネルの幅の決定

「幅」について、広いチャネルを選択するのは、以下のロジックによる。
- メーカーの販売網では手が届かない市場をカバーしたい
- 販売量を拡大したい

　カルビーのポテトチップスのような消費財では、市場のカバーや販売量を拡大するために、広いチャネルを選択する。

　一方、狭いチャネルを選択するのは、以下のような理由による。
- ブランド価値、希少性、差別性を際立たせたい
- 顧客に丁寧なサービスを提供したい
- チャネルをコントロールし、計画的に販売したい

　ルイ・ヴィトンのような高級ブランドでは、専属的チャネルでブランドを維持する方法がよく採用される。

▌チャネルの長さの決定

また、「長さ」の決定において、長いチャネルを使うのは、以下の理由による。

- 市場のカバーを広げたい
- 取引コストを低下させたい
- 在庫リスクを軽減したい

このうち、卸売業者の起用によって取引コストが削減されることを**取引総数最小化の原理**という。下図のように、各メーカーがそれぞれ小売業者と取引する場合と比べて、卸売業者に取引を集約することによって、取引総数は9（＝3×3）から6（＝3＋3）に減り、流通が合理化される。

■■取引総数量最小化の原理■■

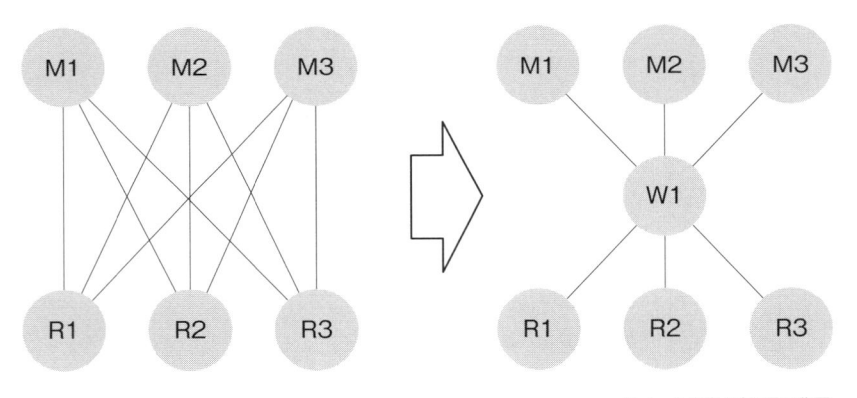

M.ホールの考え方を元に作図

また、在庫リスクが軽減されることを**不確実性プールの原理**という。次頁の図のように小売店がそれぞれ必要量の在庫を持つよりも、卸売業者が介在することで、流通全体の在庫量が減る。

39 チャネルの幅と長さ

■■■不確実性プールの原理■■■

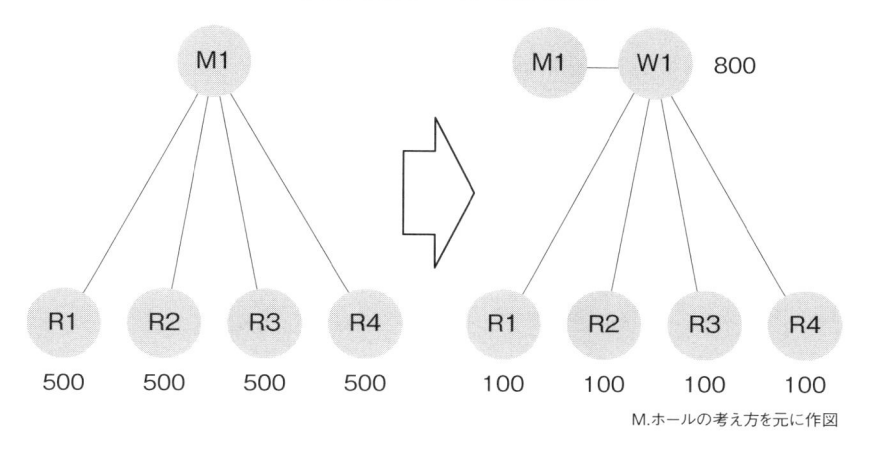

```
       M1                    M1 ── W1   800
      /|\\                        /|\\
     / | \\                       / | \\
   R1 R2 R3 R4          R1 R2 R3 R4
  500 500 500 500      100 100 100 100
```

M.ホールの考え方を元に作図

　食料品や雑貨など、メーカー、小売店数が多い業界では、中間流通業者を起用し取引を集約すれば、取引コスト削減の効果が大となる。逆にメーカーがチャネルを短くするロジックには、次の点があげられる。

- 中間流通業者へのマージンを節約したい
- 消費者・ユーザーと直接情報交換したい（顧客情報の入手と製品情報の提供）

　デル・コンピューターのダイレクト・モデルは、ユーザーからネットで直接注文を受けて受注生産する仕組みによって（ビルト・トゥ・オーダー）、中間マージンを節約するだけでなく、規格品の大量生産が当たり前だったパソコンの世界に、ユーザーの個別ニーズに応じた製品を提供することを実現した。

　長いチャネルにも、短いチャネルにも、それぞれメリットがあり、どちらがよいかはケースバイケースである。ただし、近年はよく「卸の中抜き」といわれるように、多くの業界で卸売業者を外して、チャネルを短縮化する動きが広がっている。これは、従来は卸売業者を起用することによる取引コスト削減の効果と支払うマージンが釣り合っていたが、ＩＴの普及によって、受発注・情報共有・決済など取引コストが大幅に低減し、バランスが崩れているということであろう。

第5章　マーケティング戦略

第 6 章

組織管理と資源展開

　経営改革を実現するには、トップや企画スタッフが戦略を策定するだけではいけない。戦略を組織で共有し、必要な経営資源を展開し、利害調整をしながら成果を実現する必要がある。
　第6章では、組織管理と資源展開のうち、戦略との関連が深いフレームワーク、コンセプトを紹介する。

40 シナジー

概要 企業が複数の事業を展開することによって、それぞれ単独で運営したときよりも大きな効果が得られることを**シナジー**（synergy：相乗効果）という。アンゾフによると、シナジーには次の4つがある。

① **販売シナジー**

共通の流通チャネル、販売管理、ブランドなどによって販売面で生まれる効果。

② **生産シナジー**

設備・人員の効率的な活用、大量仕入れによる仕入れコストの低減など、生産面で生まれる効果。

③ **投資シナジー**

共通の材料・部品の使用による在庫投資の節約、生産設備の共用による追加投資の回避など、投資の節約が可能になることの効果。

④ **管理シナジー**

経営者・管理者の過去の経験を活用することで生まれる効果。

また、これらに加えて、調達シナジーや、人材シナジー、情報システム投資のシナジーなどを指摘する場合がある。逆に、2つの事業が資源を奪い合ったり、お互いの優位性を打ち消したりすることを**負のシナジー（ネガティブ・シナジー）**とよぶ。

❹⓪ シナジー

> **活用の ポイント**　経営資源の配分を決定する上で、シナジーを高めるよう有機的な組み合わせを考えるべきである。事業間にシナジーがあり、全体として一体感があるのがよい事業ドメインの条件である。

シナジーは経営の様々な場面で重要な役割をもつが、特に新規事業を推進するときにはシナジーが成否に大きく影響する。シナジーが見込めない無関連多角化に比べて事業コストが低いだけでなく、事業リスクを軽減できる。M＆A（→「20. M＆A」p.72 参照）でも、シナジーの有無が決定的に重要である。

◤セブン銀行のシナジーのケース

コンビニエンスストアのセブン‐イレブンは、2001年からセブン銀行を展開している。セブン‐イレブンとのシナジーが、セブン銀行の競争優位の源泉である。

従来の銀行は、フルスペックのサービスを提供するため、大型店舗と人的サービスを必要とした。それに対しセブン銀行は、ATMや決済機能などにサービスを絞り込んだことで、狭いコンビニエンスストア店内で無人の事業展開が可能になった。

セブン‐イレブンの既存顧客に手軽に利用してもらうことができ、ブランドが活かせる（販売シナジー）。また、単独でATMを展開するよりも、セブン‐イレブン店内に設置することによって、グループとして投資を節約できている（投資シナジー）。

セブン銀行の例のように、既存事業の**コアコンピタンス**（→「41. VRIO」p.150 参照）と関連付けて新規事業を展開すると、競争力の向上とリスクの低減が実現する。

◤シナジー実現の留意点

ただし、以下にあげるように、シナジーを検討する上での注意事項が何点かある。

第一に、シナジーは、不採算事業からの撤退を躊躇させる言い訳に使わ

■■セブン銀行のシナジーの例■■

事業概念図 (2010年3月末現在)

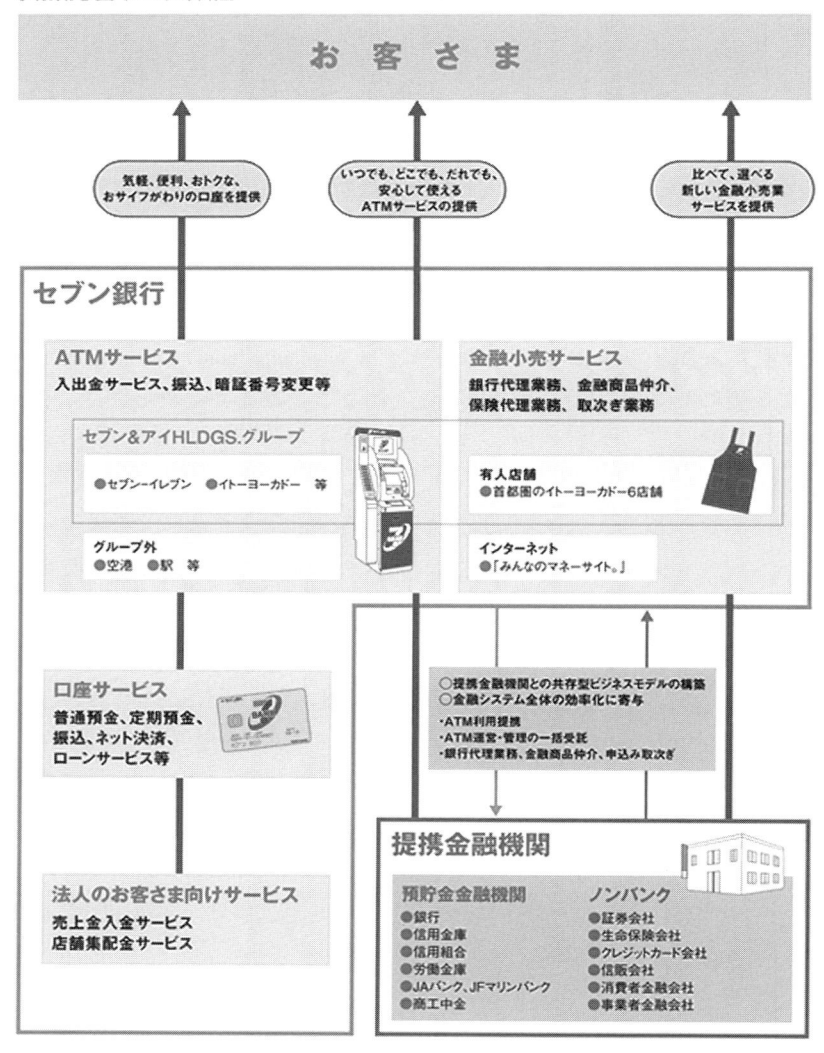

お客さま

- 気軽、便利、おトクな、おサイフがわりの口座を提供
- いつでも、どこでも、だれでも、安心して使えるATMサービスの提供
- 比べて、選べる新しい金融小売業サービスを提供

セブン銀行

ATMサービス
入出金サービス、振込、暗証番号変更等

セブン&アイHLDGS.グループ
- セブン-イレブン
- イトーヨーカドー 等

グループ外
- 空港
- 駅 等

金融小売サービス
銀行代理業務、金融商品仲介、保険代理業務、取次ぎ業務

有人店舗
- 首都圏のイトーヨーカドー6店舗

インターネット
- 「みんなのマネーサイト。」

口座サービス
普通預金、定期預金、振込、ネット決済、ローンサービス等

○提携金融機関との共存型ビジネスモデルの構築
○金融システム全体の効率化に寄与
・ATM利用提携
・ATM運営・管理の一括受託
・銀行代理業務、金融商品仲介、申込み取次ぎ

法人のお客さま向けサービス
売上金入金サービス
店舗集配金サービス

提携金融機関

預貯金金融機関
- 銀行
- 信用金庫
- 信用組合
- 労働金庫
- JAバンク、JFマリンバンク
- 商工中金

ノンバンク
- 証券会社
- 生命保険会社
- クレジットカード会社
- 信販会社
- 消費者金融会社
- 事業者金融会社

出典：セブン銀行ホームページ

❹ シナジー

れることが多く、時として撤退障壁となる（→「21．撤退戦略と撤退障壁」p.76参照）。不採算で、明らかに撤退するべき事業でも、「たしかにこの事業は不採算だが、他事業とのシナジーを考えると、撤退は得策でない」ということがよくいわれる。実際にシナジーがあるのか、冷静に、できれば定量的に評価する必要がある。

　第二に、シナジーは、何もしなくても自動的に実現するわけではない。近年の大型合併ではシナジー効果が強調されるが、シナジー実現には部門間の調整が必要であったり、投資が必要だったりということが多い。2002年のみずほグループ誕生時のシステムトラブルに象徴されるように、統合によるシナジー実現のために多大な投資負担が発生し、なおかつうまくいかず大混乱に陥るのは珍しくない。

　第三に、シナジーを重視すると、自社内部に目を向けるクセがついて、顧客や競合の存在を忘れがちになる。せっかくの経営資源を他事業でも有効活用しようという「もったいない」の精神はわかるが、顧客から見れば、購入先が複数の事業を展開しているかどうかは意味がない。シナジーばかりに目がいき顧客を見なくなってはいけない。

　なお、伊丹敬之は、ある戦略を遂行することで生み出される資産を将来の別の戦略で使うという効果を**ダイナミック・シナジー**とよんでいる。例えばカシオは、1970年代までに電卓事業によって培われたLSI設計技術を使って、80年代以降、時計・電子楽器・OA機器といった新規事業を開発した。シナジーを静態的でなく、動態的にとらえることが企業の成長の源泉になるということである。

41 VRIO

概要 企業が持続的に競争優位を保つためには、所有する経営資源が、経済価値（Value）を生み、希少性（Rarity）をもち、模倣可能性（Imitability）を許さない必要があり、そのような資源を活用する組織能力（Organization）を備えていなければならない。このような視点から評価分析する枠組みを **VRIO** フレームワーク（VRIO framework）という。

これを提唱しているバーニー（Barney, Jay B.）は、以下の4つの問いかけを通じて、自社の所有する経営資源を評価できるという。

■■VRIOフレームワークの4つの問いかけ■■

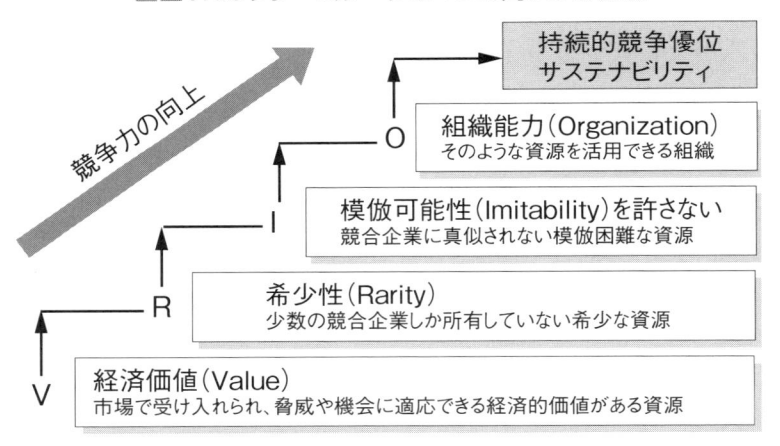

競争力の向上 →

- O 持続的競争優位 サステナビリティ
- O 組織能力（Organization）
  そのような資源を活用できる組織
- I 模倣可能性（Imitability）を許さない
  競合企業に真似されない模倣困難な資源
- R 希少性（Rarity）
  少数の競合企業しか所有していない希少な資源
- V 経済価値（Value）
  市場で受け入れられ、脅威や機会に適応できる経済的価値がある資源

- 経済価値に関する問い→その経営資源は顧客の嗜好、業界の構造、技術動向などに照らして経済的価値をもたらすかどうか。その資源をもつことで脅威やリスクが減ったり、機会が増大したりするか。
- 希少性に関する問い→その資源は、ごく少数の企業しか所有していない希少な資源であるかどうか。
- 模倣困難性に関する問い→競合他社が真似のできない資源であったり、類似の資源を獲得するために技術開発やチャネル形成やブランド構築な

❹ VRIO

どで莫大なコストのかかる資源だったりするかどうか。
- 組織能力に関する問い→こうした価値があり、希少で模倣困難な資源を活用するために、組織的な方針や手続き、命令・報告系統、マネジメントシステムなどが整っているかどうか。

活用のポイント　VRIOフレームワークでは、以上の問いにパスした企業、つまり、価値も希少性もあり、模倣困難な資源を活用できる組織能力をもつ企業が、長期にわたる持続的競争優位を実現すると考える。そのために、バーニーは下図のような採点表を提示している。

■■■ VRIOフレームワークの採点表 ■■■

価値	希少性	模倣困難	組織能力	競争優位	業績
×	×	×	×	競争劣位	標準以下
○	×	×	×	競争均衡	標準
○	○	×	×	一時的競争優位	標準以上
○	○	○	○	持続的競争優位	標準以上

出典：J.B.バーニー『企業戦略論（上）』ダイヤモンド社, 2004, p.272 を一部修正

　料理店の競争にたとえれば、おいしい料理を作れる資源が経済的価値を生む経営資源の一つとして考えられる。（V：Economic Value）

　しかし、そのために新鮮で良質の食材を手に入れることがポイントになるなら、魚河岸に近い店の立地や新鮮な食材を得られる仕入れルートは、すべての料理店に公平に与えられているわけではなく、希少性をめぐる争いになる。（R：Rarity）

　もちろん、腕のよい料理人（人的資源）を確保する必要もある。メニューや手際よく作れる厨房（物的資源）はコピー（模倣）できるが、腕前のよい料理人は模倣が難しい。（I：Imitability）

　しかし、それより長期に持続的優位を約束する資源は、料理人を引き抜かれないようにする賃金制度や労働条件、引き抜かれても人を育てられる教育制度、あるいは、皆が協力しておいしい料理を作る職場の風土といっ

た組織能力である。（O：Organization）

　なお、バーニーのいう VRIO の I は、Imitability（模倣可能性）であって、Inimitability（模倣困難性）ではない。ただし、彼は、この言葉を否定的に使っているので、全文を読むと模倣困難性と解釈できる。このため、Inimitability（模倣困難性）という用語を I にあてる人もいる。本書では、オリジナル（バーニー）を尊重した。

■リソース・ベースト・ビュー（RBV）

　この VRIO のフレームワークは、競争優位を獲得するには、戦略を有効に実行するだけの資源や能力が必要だとするリソース・ベースト・ビュー（RBV）という経営戦略論の学派が支持するものである。

　この学派は、競争優位を導く資源や能力を、リソース（Resource）、アセット（Asset）、コア・コンピタンス（Core Competence）、ケイパビリティ（Capabilities）などとよぶが、それぞれの資源が、価値、希少性、模倣困難性などを備える組織能力でなければならないという。

　バートン（D. L. Barton）は、その形成に時間がかかり、容易に模倣されない、企業に競争力を生み出す能力のことをコア・ケイパビリティ（core capability）とよび、ハメル（G. Hamel）とプラハラード（C. K. Prahalad）は「顧客に対して、他社には真似のできない自社ならではの価値を提供する、企業の中核的な力」をコア・コンピタンス（core competence）とよんでいるが、いずれも VRIO 的な資源の例である（→「3．理想に至る２つの経路」p.6 参照）。

■クロネコヤマトのケース

　ヤマト運輸の宅急便は、もともと、小倉昌男社長が、1961 年に日本トラック協会訪米視察団の一員として、ユナイテッド・パーセル・サービス（UPS）社を訪問したときに、一つのヒントを得たとされている。その証拠に、最初の頃の「宅急便」の名前は、UPS からとった「ヤマト・パーセル・サービス（YPS）」だった。

　さらにさかのぼれば、フェデラルエクスプレス（フェデックス）の創業

㊶ VRIO

者であるフレデリック・スミスが大学時代に研究したとされるハブ＆スポーク理論が、同社の集配システムのベースになっている。物流の仕組みは、真似しようと思えば模倣可能な部分がある。

しかし、その後のシステムの発展を見ると話は変わってくる。例えば、北海道のような過疎地での集配で考えられたのが、オホーツクのサケや夕張のメロンを消費者に届ける「ふるさと宅急便」というサービスで、これは、鮮度を望む個人ニーズへの対応へと発展し、後の低温管理システム「クール宅急便」にもつながっている。一方で、産直販売を望む業務用ニーズに対しては「産直くん」というシステムが開発された。

1980年には、バーコードをPOSスキャナーで読み込んで荷物の受け渡し状態をチェックする仕組みを作ったが、そのために、通称PP（ピーピー）とよばれるポータブル・ポス、プリンター、ペン・スキャナーなどの機器も開発した。こうした機器をうまく活用するために、ドライバーの教育も徹底された。

1982年には、タクシーを呼び出すときに使われていたMCA無線システムを導入し、事務所からドライバーに連絡して、留守の時に届けられなかった荷物の再配依頼に対応するようにした。ところが、このシステムは事務所の営業時間内でしか稼動できないので、2002年には、事務所やコールセンターを通さずに、ドライバーのケータイに直接つながるシステムに進化させた。

驚くことは、これまでに改良してきた追跡管理システムをヤマト運輸がパッケージとして対外的に販売しているということである。例えば、個人情報を扱う銀行や保険会社の社内便の追跡管理は、ヤマトのシステムが購買されている。もちろん、郵便局のようなところも、バーコードシステムを導入しているし、不在対策も行っているが、競争力の源泉は、模倣可能なシステムではなく、それを進化させる組織能力にあるのかもしれない。

第6章 組織管理と資源展開

42 SECIモデル

概要 野中・竹内（1996）は、4つの知の変換過程を通じて、暗黙知を表出させたり形式知を取り込んだり、相互に作用しながらスパイラルを形成することで組織的な知識創造が促進されるという。この知識創造の過程は、4つの知識変換モードの英語標記の頭文字を取って、**SECI（セキ）モデル**とよばれる。

■■4つの知識変換モード■■

	暗黙知	暗黙知	
暗黙知	共同化 (Socialization)	表出化 (Externalization)	形式知
暗黙知	内面化 (Internalization)	連結化 (Combination)	形式知
	形式知	形式知	

出典：野中郁次郎・竹内弘高『知識創造企業』東洋経済新報社, 1996, p.93

① **共同化（Socialization：暗黙知から暗黙知へ）**
職人技術の伝授やOJT教育など経験により暗黙知を共有する過程。

② **表出化（Externalization：暗黙知から形式知へ）**
対話を通じて製品コンセプトを創り出すなど暗黙知を概念化する過程。

③ **連結化（Combination：形式知から形式知へ）**
コンピュータデータベースや学校教育のように形式知を整理・組み替え

④ **内面化（Internalization：形式知から暗黙知へ）**

書類、マニュアル、ストーリーなどに基づく行動などで形式知を暗黙知へ体化する過程。

活用のポイント ▌知識創造の条件

SECI モデルの知識スパイラルを回し、知識創造を促進するためには、いくつかの組織的要件が必要とされる。

第一は、組織の「意図（intention）」である。これは、組織の規範やビジョン、戦略的な意思表示や上位のコンセプトであり、創造されつつある知識を評価して、それが真実の方向性をもつものだと正当化するために有効である。

第二は、組織メンバーに与えられる「自律性（autonomy）」である。知識創造を促進するためには、関与するメンバーが、自由な発想でアイデアを出し、自由に討議し、新しいことにチャレンジすることが大切であり、そうしたことを可能にする風土や仕組みを用意する必要がある。

第三は、組織と外部との相互作用を刺激する「ゆらぎ（fluctuation）」と「創造的なカオス（creative chaos）」である。これは、よい意味での危機感や現状の見直し、反省などを含んでいる。組織が危機に際して、よい緊張関係を維持しながら、既成の理論や手法を見直すことが知識創造の要件になる。

第四は、組織に組み込まれた「冗長性（redundancy）」である。これは、メンバーが当面必要のない仕事上の情報を重複して共有している状態を意味する。冗長性は、効率的な情報処理という欧米的な発想から見ると情報過剰や非効率を連想するが、ある程度、重複した情報を持ち合うことで、他のメンバーが言語化しようと努力していることを互いに感じ取ることができる。その意味で情報の冗長性は、知識創造プロセスを加速する。

第五は、組織メンバーが「最小有効多様性（requisite variety）」をも

つことである。これは、組織全員が情報を柔軟に様々な形ですばやく組み合わせたりして、誰もが情報を利用できるようにすることで、情報格差を少なくするための仕組みといえる。

▎ホームベーカリーのケース

野中・竹内（1996年，第4章）は、松下電器産業（現・パナソニック）が1980年代後半に、ホームベーカリー（家庭用自動パン焼き器）を開発した過程を事例としてあげている。

まず、最初の試作品が失敗した後、開発チームの女性がホテルのパン職人の下に弟子入りして熟練職人がもつ暗黙知を共有した。これが共同化（S）である。

その結果、その女性は「ひねり伸ばし」という言葉で職人の技を表現し、エンジニアの作った試作品に「もっと強く回転させて」「もっと速く」という注文をつけて暗黙知を表出化（E）することに成功した。

その試作品がデータベース化されて完成度を上げていった段階が、次の連結化（C）の段階である。これは、設計図として、異なる組織間でコンセプトが共有される過程であり、ホームベーカリーのケースでは、設計スタッフが強化され、営業部門と製造部門からメンバーを加えて、製品デザインの決定、品質の安定化、コスト削減が進められた。

このホームベーカリーの成功は、組織横断的なプロジェクトチームの設置、顧客志向の開発態度などを通じて組織内部に浸透して、日本初のコーヒーミルブルワー（豆挽き湯沸かし器）や伝統的な釜戸と同じように米を炊ける炊飯器などに結実した。こうした過程は、組織的暗黙知への内面化（I）していった過程と考えられる。

ここで、上記の5つの組織要件から、ケースを振り返ってみたい。第一に、このケースは、開発の意図として考えられた上位のコンセプトによって支援された。当時の事業部では、家庭用調理機器は食事の準備を簡単にすると同時に、食事をおいしく栄養豊富にすべきと考え「イージーリッチ（Easy & Rich）」というコンセプトをもっていた。この上位の開発コンセプトがあったからこそ、開発の方向性が示され、行動が調整されたと考

えられる。

　第二に、ホームベーカリーは、会社にとって新製品であり、開発メンバーは何から何まで自前でトライしなければならなかったが、その意味で、完全な「自律性」が与えられていたといえる。

　第三に、このプロジェクトは、1980年代に発表された「ACTION 61」とよばれる経営3ヵ年計画、あるいは、家電からハイテク・産業用製品に移すという全社的方針の下、炊飯器事業部、電熱器事業部、回転器事業部の3つの事業部が統合されてスタートした。組織統合という危機的状況に直面して、メンバーは「ゆらぎ」と「カオス」を体現していた。

　第四に、それでもメンバーは、炊飯器、トースター、ミキサーなど電化調理機器という隣接する成熟製品を担当して、同じような情報を重複して共有しており「冗長性」も持ち合わせていた。

　第五に、最初のプロジェクトチームは、電化研究所のリーダーの下、企画（1名）、機構（3名）、制御（2名）、ソフトウェア（3名）、実験補助（1名）からなる混成メンバーで、異なる文化をもってプロジェクトに参加しており「最小有効多様性」が備わっていたのである。

43 マネジリアル・グリッド

概要　ブレーク（Blake, R. R.）とムートン（Mouton, J. S.）は、管理者の関心領域によって、リーダーシップの類型ができると考え、**マネジリアル・グリッド**（managerial grid）という格子型の図を提示している。

この図では、横軸（X軸）に「業績に対する関心」をとり、縦軸（Y軸）に「人間に対する関心」をとって、それぞれ1から9までの格子（目盛）で表わす。9がもっとも高い関心を示し、1が無関心を示している。この9段階に区分した両者の関心水準の交差するところが、管理者の関心領域にあたるが、それを以下の5つに類型化している。例えば、9・1型は「業績に対する関心」が最高の9で、「人間に対する関心」が1の最低を示している。

① **1・1型（無関心型あるいは消極型）**

「業績」に対しても「人間」に対しても関心がなく、巧みに責任を回避しながら消極的にポジションを維持して、組織に留まろうとする管理者。

② **9・1型（権威・服従型あるいは仕事中心型）**

「業績」ばかりに関心を向けて「人間」に関心を向けないため、仕事はできても思いやりのない管理者。部下は業績向上の道具に使われているように感じる。

③ **1・9型（カントリー・クラブ型あるいは人間中心型）**

「人間」に関心が高いが「業績」には関心がないタイプで、カントリー・クラブのように仲良しグループの職場を作ることはできるが、仕事はできない管理者。

43 マネジリアル・グリッド

④ 5・5型（常識人型あるいは中庸型）

「業績」にも「人間」にも適当な関心を示すがすべて中程度で、現状を維持するために、伝統、過去の慣行や他人の判断に任せるだけの管理者。

⑤ 9・9型（チーム・マネジメント型あるいは理想型）

「業績」にも「人間」にも高い関心をもっている管理者。部下のやる気やアイデアを積極的に引き出して、高い業績目標を達成しようとするタイプで理想的な管理者と考えられる。

■■マネジリアル・グリッド■■

（縦軸）人間に対する関心〈低〉1 ～〈高〉9
（横軸）業績に対する関心〈低〉1 ～〈高〉9

- 1・9型　人間中心型
- 9・9型　理想型
- 5・5型　常識中庸型
- 1・1型　無関心型
- 9・1型　仕事中心型

出典：R.R.ブレーク, J.S.ムートン『新・期待される管理者像』産業能率大学出版部, 1984, p.20を参考に作図

活用のポイント

リーダーシップについては、（1）指導者の資質や力量によるという**資質論**、（2）リーダーシップのスタイルによって分類できるという**類型論（行動論）**、（3）状況によ

って有効なリーダーシップが異なるという**状況論（コンティンジェンシー理論）**がある。

　このうち、マネジリアル・グリッドの考え方は類型論に位置づけられる。つまり、リーダーシップは先天的に恵まれた人々の占有物ではなく、そのスタイルを理解すれば誰にでも学び取ることができるという立場である。

　一方で、この理論は、状況によって有効なリーダーシップが異なるという「状況論」でもない。例えば、相手に応じて、いくつものグリッド・スタイルを使い分けるマネジャーがいたとしよう。部下に対して強い口調で尋問するような９・１型の人が、上司に対しては相手に合わせる１・９型になる場合、こうした日和見主義的なマネジャーは、人間関係を自分の出世に利用できないかという観点から見る一方で、八方美人のように「善人」を装う傾向がある。したがって二枚舌も使えば、秘密めいた取引もする。

　本来の状況論は、個人的な人間関係ではなく、リーダーシップを発揮する状況に重点が置かれている。例えば、歴史に、信長→秀吉→家康の順番があるのは状況論から見ると必然である。戦時のリーダー（信長）と平時のリーダー（家康）は異なる状況から生まれてきた。

▼マネジリアル・グリッドの応用（エレメント分析）

　マネジリアル・グリッド理論は、９・９型リーダーを、部下のヤル気を高め、仕事の効率性と組織の創造性を向上させて、高い業績を実現する理想のマネジメント・スタイルと位置づけている。この理想型に近づくためには、まず、自己洞察を行って、リーダー自身が自分のとった行動を内省的に見つめ直すことが第一歩である。

　しかし、組織においては自分だけが変わることが難しいので、率直なコミュニケーションを進め、周囲からの助言を求めながら、チームとしてのクリティーク活動を進める必要もある。

　その手段として、次頁のようなエレメント（構成要素）表を基に周囲から採点してもらい、相互クリティーク（継続的なフィードバック）を重ねたり、周囲に自分を評価してもらう記述文を使ったりする……と研修では教える。

43 マネジリアル・グリッド

■■マネジリアル・グリッドのエレメント表■■

エレメント	①1・1型	②9・1型	③1・9型	④5・5型	⑤9・9型
葛藤（対立）の処理	近づかない。ごまかす	一方的に封じ込める	皆をなだめ、仲良くする	妥協、中庸を探す	原因を見つけ創造的に解決する
イニシアティブ	最低限のことしかしない	自分も周囲も駆り立てる	他人を喜ばすことなら何でもする	確実なことで現状を維持する	全力投球で周囲も感化させる
探究心	最低限の情報収集	尋問口調で情報収集	良い情報にだけ関心	誰からも表面的な収集	問題の核心を追求
意思表示	無口。意思表示なし	自分の意見を押し通す	他人に同調する	皮相的で曖昧	何事も正直に伝える
意思決定	成り行きまかせ	自分で決定する	皆の意見にしたがう	前例や常識の範囲で	全員の理解を得た健全な決定
クリティーク（継続的見直し）	ほとんど無し	ミスを点検し、あら探しをする	良いことは誉めるが、ミスは見逃す	非公式の場で触れる程度	相互のフィードバックを大切にして改善する

　ただし、このように、リーダーシップを個人の自覚や努力、あるいは狭い範囲の集団の意識レベルに閉じ込めてしまっているところに、この理論の弱点がある。

　たしかに、リーダーシップはリーダーという人間に関する表現であり、リーダーシップを発揮する対象も人間である。その意味で、組織を対象とするマネジメントとは異なる概念であるが、リーダーは、集団凝集性（グループをまとめあげること）や動機づけ（人を動かすこと）、あるいは個別の案件に対し意思決定を下すだけの存在ではない。

　バーナード（Barnard, C. I.）は「組織道徳の創造こそ、最高の意味でのリーダーシップ」と述べているが、組織が目指す価値やビジョンを創造し共有させていくところにもリーダーシップの重要性がある。

44 コンフリクトの解消

概要 戦略を実行するとき、現状を大きく変える革新的な戦略であるほど、変革に抵抗する勢力が現れる。目標の不一致、利害の対立、認識の相違といった**コンフリクト**（Conflict、摩擦・軋轢）が発生する。

組織のリーダーは、コンフリクトの解消に努める。ケネス・トーマス（Kennith Thomas）とラルフ・キルマン（Ralph H. Kilman）によると、コンフリクトの解消は、自己主張性と協力性という２つの次元でとらえることができるという。自己主張性は、コンフリクトの当事者がどれだけ自己の利害充足を重視しているか、協力性は他者の利害充足による関係性維持に配慮しているか、というものである。この２つの軸によって、コンフリクトの解消は、「回避」「競争」「妥協」「順応」「協創」の５つに分類できる。

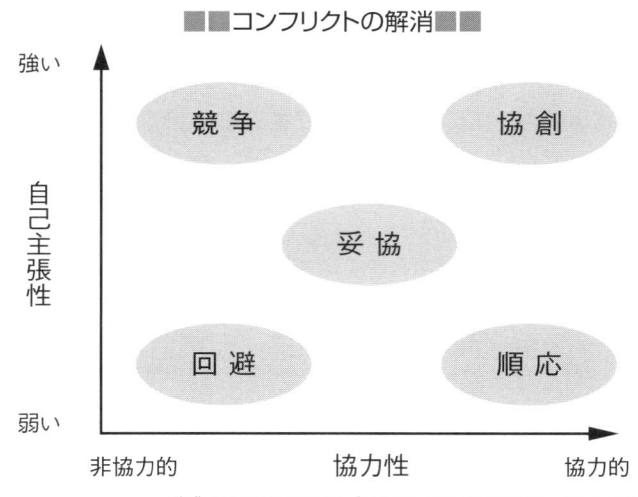

■■■コンフリクトの解消■■

（縦軸：自己主張性 弱い→強い、横軸：協力性 非協力的→協力的）

- 競争（自己主張性：強い、協力性：非協力的）
- 協創（自己主張性：強い、協力性：協力的）
- 妥協（中央）
- 回避（自己主張性：弱い、協力性：非協力的）
- 順応（自己主張性：弱い、協力性：協力的）

出典：Kennith Thomas "Conflict and Conflict Management"

トーマスとキルマンによると、協創、つまり対立の当事者がお互いの主張をしながらも対立解消に向けて協力することによって、創造的にコンフ

リクトを解消するのがもっとも好ましいアプローチである。

活用のポイント　従来の研究では、コンフリクトが組織にもたらす混乱を懸念し、いかにしてコンフリクトを未然に回避するかに重点が置かれた。しかし、近年は組織を創造的に変革する契機として、コンフリクトを積極的に評価する見方が増えている。

　コンフリクトがない安定した組織は、従業員が既存の経営のやり方・考え方に過剰適応している可能性がある。リーダーが組織に揺さぶりをかけてコンフリクトを起こし、それを従業員が正面から受け止め、対立点を明らかにしながらも協力して解消することによって（協創）、組織が大きく発展する。

　経営危機に陥った日産自動車に1999年仏ルノーから送り込まれたカルロス・ゴーンは、当時の日産の系列取引、技術偏重、部門間の壁、労使関係などに疑問を呈し、黒船よろしくコンフリクトを引き起こした。そのゴーンが何より重視したのは、従業員との対話だった。ゴーンは着任から代表に就任する前に600人以上と直接対話したという。ゴーンの改革プロセスは、コンフリクトを起こし協創で創造的に解消した典型例だといえよう。

　近年、**MBWA**（Management By Walking Around）の重要性が指摘される。コンフリクトを単なる対立で終わらせず、変革の契機とするためには、トップは、本社からビジョン・戦略を示して揺さぶりをかけるだけでなく、現場を歩いて、自分の言葉で目指すところを従業員に直接説明し、協創を進めるべきなのである。

45 バランススコアカード

概要

バランススコアカード（Balanced Score Card）は、キャプラン（R. S. Kaplan）とノートン（D. P. Norton）によって提唱された。中長期的に財務的な成功を収めるためには、財務的な指標の管理だけでは難しく、そのもととなる戦略や人材育成にまで踏み込んでプロセスを具体化し、管理指標や行動に落とし込んでいく必要性から生まれた考え方である。

まず大きく、財務的視点、顧客の視点、社内ビジネスプロセスの視点、学習と成長の視点の４つを設定する。バランススコアカードは、①ステークホルダー間（株主、顧客、取引業者、従業員）、②時系列間（過去・現在・未来および短期と長期）、③組織間（全社・SBU・個人間など）、④戦略と実行（戦略策定と方針展開）の４つの視点間でバランスをとっているといわれる。バランススコアカードは、企業ごと、事業ごとに作っていく。

■■バランススコアカードは戦略をビジネスユニットに落とし込むフレームワーク■■

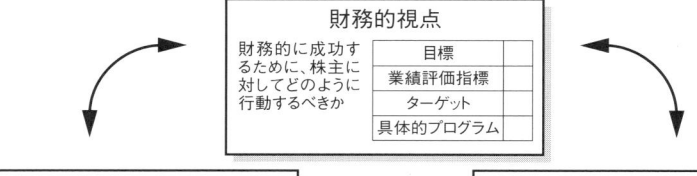

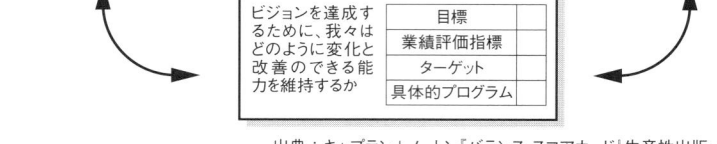

財務的視点
財務的に成功するために、株主に対してどのように行動するべきか
- 目標
- 業績評価指標
- ターゲット
- 具体的プログラム

顧客の視点
ビジョンを達成するために、顧客に対してどのように行動すべきか
- 目標
- 業績評価指標
- ターゲット
- 具体的プログラム

ビジョンと戦略

社内ビジネス・プロセスの視点
株主と顧客を満足させるために、どのようなビジネス・プロセスに秀でるべきか
- 目標
- 業績評価指標
- ターゲット
- 具体的プログラム

学習と成長の視点
ビジョンを達成するために、我々はどのように変化と改善のできる能力を維持するか
- 目標
- 業績評価指標
- ターゲット
- 具体的プログラム

出典：キャプラン＋ノートン『バランス・スコアカード』生産性出版，1997, p.30
(Robert S. Kaplan and Drvid P. Norton "Using the Balanced Scorecard as Strategic Management System" Harvard Business Rrvew (January-February 1996) p.76)

㊺ バランススコアカード

活用のポイント

バランススコアカードを作り上げるには、まず主要な関係者で集まって、下図のような戦略マップを作成する（事例はB2Bビジネスのメーカーでのもの）。事例では、まず、財務的な視点として自社ないし自事業が何を戦略的に重要視するかということで、「資本効率の向上」を最上位に置き、それを表す指標としてROA、ROEを設定している。そしてそれを「収益力の向上」と「資産圧縮」に分解し、また各々に評価指標を設定している。

次にそうした財務的成果を得るためには、顧客の視点で何が必要かということで、「主要得意先でのシェアアップ」（顧客内シェア）や「新規顧客獲得」（新規顧客獲得件数）、「新商品販売」（新商品売上高）などの目標と評価指標を設定する。

さらにそうしたその目標を達成するためには、社内ビジネスプロセスの視点で、「対応力のアップ」（技術サービスリードタイム）、「新商品開発」（新商品売上高比率）、「原価低減」（売上高原価率）などの目標と評価指標を設定している。

■■戦略マップ：B2Bビジネスメーカーの事例■■

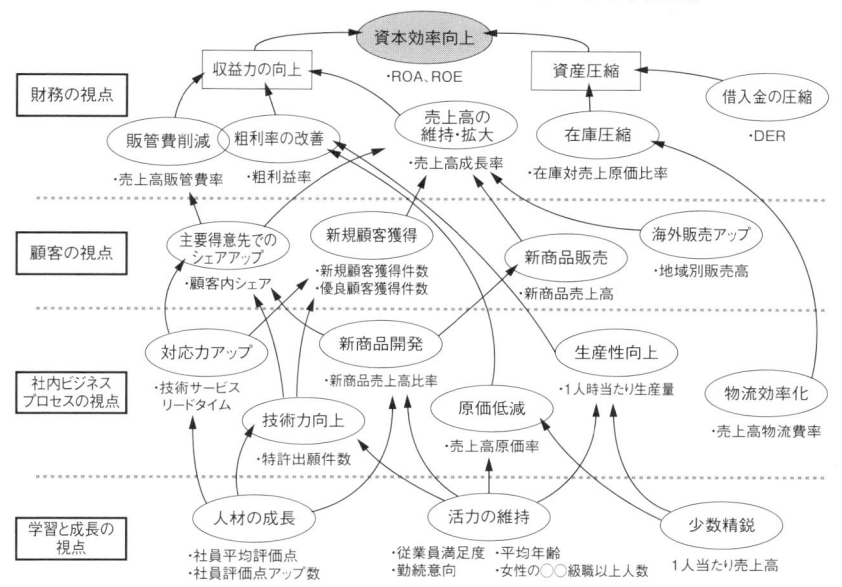

財務の視点
- 資本効率向上
- 収益力の向上　・ROA、ROE
- 資産圧縮
- 借入金の圧縮　・DER
- 販管費削減　・売上高販管費率
- 粗利率の改善　・粗利益率
- 売上高の維持・拡大　・売上高成長率
- 在庫圧縮　・在庫対売上原価比率

顧客の視点
- 主要得意先でのシェアアップ　・顧客内シェア
- 新規顧客獲得　・新規顧客獲得件数　・優良顧客獲得件数
- 新商品販売　・新商品売上高
- 海外販売アップ　・地域別販売高

社内ビジネスプロセスの視点
- 対応力アップ　・技術サービスリードタイム
- 新商品開発　・新商品売上高比率
- 生産性向上　・1人時当たり生産量
- 物流効率化　・売上高物流費率
- 技術力向上　・特許出願件数
- 原価低減　・売上高原価率

学習と成長の視点
- 人材の成長　・社員平均評価点　・社員評価点アップ数
- 活力の維持　・従業員満足度　・勤続意向　・平均年齢　・女性の○○級職以上人数
- 少数精鋭　1人当たり売上高

第6章 組織管理と資源展開

最後に、そうした社内ビジネスプロセスの目標を達成するためには、どのような学習と成長の視点が必要になるかということで、「人材の成長」（人事評価ポイント）、「活力の維持」（従業員満足度）などの目標と評価指標を設定するのである。

　戦略マップが完成したら、それを下図のようなスコアカードに落とし込む。すなわち、各視点ごとに、戦略マップで設定した目標と評価指標（KPI：Key Performance Indicator という）を設定し、さらにその評価指標の基準値と基準値をクリアするための施策を明らかにする。

　例えば、下図の例は流通業での想定であるが、財務の視点で、荒利益率の改善を目標にして、その評価指標を荒利益率と置いた場合、荒利益率の基準値を25.5％以上とし、その具体的な施策として荒利益率の低いNB（ナショナルブランド品）よりも、荒利益率の高いPB（プライベートブランド品）の比率を向上させることになる。

　このように4つの視点での目標を、対応する評価指標で一定の基準値をクリアするために、どのような施策をとったらよいかということに具体

■■バランススコアカードの例■■

視点 Perspective	目標 Objective	評価指標 Measure	基準 Target	施策 Initiative
財務の視点	収益力の向上	経営利益、FCF	プラス化	
	売上高の維持、向上	売上高成長率	98％以上	○○店の酒販売、デビットカードの導入
	荒利益率の改善	荒利益率	25.5％以上	PB商品（高荒利益商品）の展開
	人件費の適正化	売上高人件費比率 契約社員平均時給 社員1人当たり給与	11.8％以上 1000円以下 340千円以下	評価の見直し、業績貢献手当ての廃止
	在庫の圧縮	在庫別売上原価比率 部門別在庫日数	マイナス化 マイナス化	売り切り体制 △△システムの活用
	販促費の削減	売上高販促費比率	3％以下	販促イベントの見なおし
顧客の視点	リピーターの増加	カード会員来店頻度	3回／週	商品の魅力度アップ
	客単価の向上	客単価 買上点数	2000円以上 プラス1点	商品の魅力度アップ
	顧客の囲い込み	商圏内会員比率 顧客シェア（世帯単価）	世帯単価アップ	新規会員獲得
社内ビジネスプロセスの視点	顧客にアピールする販売計画の策定	売上高販売計画売上比率	10％以上	効果的な販売計画の実施・検証
	新商品サイクルタイムの短縮	新商品サイクルタイム	1週間以内	導入スピードアップの仕組み作り
	新商品・独自商品の開拓	新規商品・独自商品仕入比率 商品分野別原価率	10％以上 70％以下	MD機能の強化 PB商品の開発
	物流システムの改革	作業工数	1工数削減	△△システムの活用
学習と成長の視点	社員・契約社員のスキルアップ	従業員平均評価点 1人当たり売上高 坪当たり人数 契約社員比率	平均以上 2500千円／月以上 同規模店舗比 80％前後	教育実施 △△システムの活用 スキルアップの明確化
	会員情報システムのグレードアップ	情報 アウトプットスピード	即日	会員システムのグレードアップ

に分解して、事業部ごと、部門ごとの計画に織り込んでいく。

　さらにこれを中期経営計画に織り込み、各部門の目標として設定し、年度ごとの目標値とそれを達成するための活動に落とし込んでいければ、中期経営計画の進捗管理にも役立てることができる。最近では、経営陣や事業部長に対してバランススコアカード指標の日々の推移を情報システムを使って提供できるソフトウェアも出ている。

　ここからは運用面での課題を紹介する。まず、戦略マップの作成である。戦略マップが対象としている範囲が、財務〜営業〜開発・生産〜管理・人事と多岐にわたっていることから、特定の人だけで作成しようと考えると頓挫してしまう。戦略マップ作成を成功させるには、（1）知見をもった関係者が集まること、（2）ファシリテーターがうまく皆の意見・議論を吸い上げて、戦略マップにまとめ上げることが必要である。2〜3時間でのセッションでは難しいので、1日ないし1泊2日のワークショップが必要である。

　次の課題は評価指標が取得可能かどうかである。理想論で考えるとよい指標は色々と出るが、バランススコアカードの場合、それらの指標が定期的に必要な単位でタイムリーに提供されなければならないので、やむを得ず代替指標になったり、新たにデータが取れるようにしなければならない。

　もう一つの課題は基準値の設定である。これは社内的な目標として設定するのでよければさほど難しくないが、対競合他社、対世の中のいい企業と比べてとなると、データ入手が困難であったり、手こずることがある。

　やっかいなことに、バランススコアカードの導入に対する無言の抵抗というものがある。バランススコアカードがきちんと設定できると、部門の評価や人事評価にも活用できる。しかし達成できなかったときのいい訳が利かないものとなるため、「数字だけで評価するのか」とか「プロセスは見てくれないのか」など、無言の抵抗を受ける。このため、バランススコアカードを導入しようとする企業は、評価に使うことから入らずに、まず全社の業績を上げるには何が有効かを確認する手立てとして導入し、どのような活動がどのような成果をもたらすかがわかってから評価に活用するとよいであろう。

第 **7** 章

分析と体系化の技法

　経営戦略は、何をしたいのか、何のために実施するのか、なぜ有効なのか、というロジックが明確でなければならない。ロジカルな経営戦略を立案するには、適切な分析・体系化の技法を用いるとよい。
　第7章では、第6章までの戦略立案の実務でよく使う分析・体系化の技法を紹介する。

46 SWOT分析

概要

SWOT分析は、自社の強み（Strengths）・弱み（Weaknesses）・機会（Opportunities）・脅威（Threats）を分析し、今後の戦略の方向性の選択肢を抽出する際に活用するものである。

外部事業環境分析や自社経営資源分析を行うと、たくさんの課題が抽出される。しかし、ヒト・モノ・カネの経営資源は限られているため、全部を個別に解決することはできない。このため、限られた経営資源を特定の課題にフォーカスするために、SWOT分析などを行って、戦略の方向付け、課題の整理を行うのである。

通常、SWOT分析は、下図に示すような4つに分かれた表を作成するところから始める。すなわち内部要因としての強みと弱み、外部要因としての機会と脅威を一つの表に表すのである。

■■ SWOT分析の事例 ■■

	強み（Strengths）	弱み（Weaknesses）
内部要因	・資金力が豊富 ・暖簾 ・堅実経営 ・多角経営 ・素早い改革可 ・情報の対応が早い ・専業メーカー ・コストリーダー ・知名度がある ・広域な販売網 ・社員気質（勤勉）	・人材不足 ・技術者不足 ・原価が完全に把握できていない ・投資意欲が弱い ・オリジナル商品が少ない ・個人商店（組織力が弱い） ・IT導入が遅い ・計画性に乏しい ・意思決定が遅い ・社員構成が偏っている ・コミュニケーション不足
	機会（Opportunities）	脅威（Threats）
外部要因	・モデルサイクルの短期化による新規参入機会増大 ・防犯・環境意識の高まり ・海外事業への展開 ・インターネットビジネスの普及 ・リフォーム市場増大→リフォーム商品の出現 ・購買のグローバル化	・競合他社情報 　（アンチ○○派、情報漏れ） ・素材メーカーのライバル化 ・原材料高騰 ・業界下請化（卸と販売店） ・外資系事業の参入 ・大手ハウスメーカーのシェア拡大 ・輸入製品増大

これら4つの要素を抽出する際の留意事項としては、それらが事実に基づいているということ、主要なもの重要なものであるという2点である。事実の裏付けなく思いつきで手当たり次第に出したり、重要性がないものをただ列挙しても数だけ増えて対応に困る。

① 強み（Strengths）

　主要な経営資源のうち、財務的な強み、ブランド・暖簾、強い製品・サービス、マーケットシェア、コスト競争力、拠点展開やキャパシティ、流通ネットワーク、経営者のマネジメント力、人材、情報システム、組織風土などから該当するものをピックアップする。

　よくある傾向として、弱みはたくさんあげられるが、強みはあまりあがらないということがある。「御社の強みは何ですか？」と聴かれて、「特にありません」と答える管理者が時々いる。自社の強みがきちんと認識されていないのである。強みというのは、得てして自分たちは当たり前だと思っていても、外部の視点から客観的に見てみると強みだと認識できることがある。社外の人たちから「御社は○○ですね」と褒められる点があるとしたら、それは強みである。そうした強みを認識してこそ、自分たちの力の活かしどころがわかるのである。

② 弱み（Weaknesses）

　強みと同じく主要な経営資源を分析して、事実として一定の客観性をもった弱みをあげる。中には個人の不満をあげる人がいるが、そうではなくて、法人全体として、事業全体としてどうかという視点をもってもらいたい。また、強みとして「強力なリーダーシップ」があがり、その裏返しとして弱みに「ワンマン経営」があがることがある。強みと弱みは表裏一体のこともある。

③ 機会（Opportunities）

　外部の機会を抽出する視点としては、PEST分析で見た政治的、経済的、社会・文化的、技術的なマクロ環境の変化や、3C分析で見た市場環境の

変化、競合環境の変化などから主要なポイントを抽出する。

④　**脅威（Threats）**

　脅威についても、機会と同じくPEST分析や３Ｃ分析で見た要素のうち、自社および自社事業の脅威となる要素を抽出する。先ほどの強みの裏返しが弱みとなるように、なかには機会ともとらえられるし、脅威ともなりうる要素があるが、そうとらえる理由を明確にしておけば、双方に列挙しておいて構わない。

活用のポイント　SWOT分析は、列挙しておしまいではなく、ここからが分析の始まりである。４つの要素のうち、何に重点を置いて戦略を検討していったらよいかということである。

　まず重要なのは、強み（Ｓ）を機会（Ｏ）に活かすSO戦略を検討することである。よく弱み（Ｗ）の克服に重点を置こうとする考えをもつ人がいるが、それはうまくいかない。

　スポーツ選手などを見ていてもわかるが、徹底的に自分の強みを磨き、その強みで勝てるようにすることが大切であり、弱みの克服は、その弱みが足かせにならないように補強できればよい。弱みは、歴史や企業体質があって存在しているので、認識できていても一朝一夕には克服できないものなのである。

　SWOT分析をさらにやりやすくする方法として、**TOWSマトリックス**がある。TOWSマトリックスのTOWSは、SWOTのそれぞれの要素と同じで、Ｔは脅威（Threats）、Ｏは機会（Opportunities）、Ｗは弱み（Weaknesses）、Ｓは強み（Strengths）である。これらの要素を組み合わせて分析するのである。

　TOWSマトリックスの作り方は、次頁の図にあるように、SWOTの各要素の中の主要なものを抽出し、図表の周辺に配置する。そして、それぞれ２つずつを組み合わせて、戦略代替案を抽出するのである。すなわち、強み（Ｓ）〔例：コストリーダー〕と機会（Ｏ）〔海外ビジネスチャンス〕を組み合わせてSO戦略（強みを機会に活かす）〔低コストを武器に海外

進出〕、弱み（W）〔技術者不足〕と機会（O）〔モデルサイクル短期化〕を組み合わせてWO戦略（弱みを補完して機会に活かす）〔他社から技術者をヘッドハントし、短期化に対応〕、強み（S）〔コストリーダー〕と脅威（T）〔原材料高騰〕を組み合わせてST戦略（強みで脅威に対処）〔他社比常に低コストを維持〕、弱み（W）〔原価把握が弱い〕と脅威（T）〔原材料高騰〕を組み合わせてWT戦略（弱みと脅威を最小化）〔量産品の在庫を多めに持ち、コスト増要因を和らげる〕をそれぞれ導き出すのである。

■■■ TOWSマトリックス ■■■

		内部要因	
		強み（S）: ①コストリーダー	弱み（W）: ①技術者不足、②原価把握弱い
外部要因	機会（O）: ①海外ビジネスチャンス ②モデルサイクル短期化	SO戦略: 強みを機会に活かす ・低コストを武器に海外進出 （S①O①）	WO戦略: 弱みを補完して機会に活かす ・他社から技術者をヘッドハントし、短期化に対応 （W①O②）
	脅威（T）: ①原材料高騰	ST戦略: 強みで脅威に対処 ・他社比常に低コストを維持 （S①T①）	WT戦略: 弱みと脅威を最小化 ・量産品の在庫を多めに持ち、コスト増要因を和らげる （W②T①）

さてこの4象限の戦略代替案のうち、どれが一番重要であろうか。答えは明白、SO戦略である。さきほど見たように、自社の強みを機会に活かせる戦略が、もっとも自社の経営資源を有効活用できる戦略なのである。4つの戦略代替案のうち、SO戦略とWO戦略は攻め、ST戦略とWT戦略は守りということになる。TOWS分析の結果、色々な戦略代替案が出てくるが、その選択と組み合わせは自由である。ただし、整合性が取れ、かつ経営資源に対する成果（Output）が最大になるように組み合わせを検討すべきである。

▶勝ちパターンの事例

　このようにSWOT分析、その応用としてのTOWSマトリックスは、内部・外部の要因を分析して、一つひとつの戦略代替案を抽出することはできる。しかし、それだけでは単発で終わってしまって後が続かないことがありうる。戦略は、連続的に打ち出され、継続的に経営成果をあげていかなくてはならない。このため、さらに一歩進めて勝ちパターン（または成功パターン）を分析することをお勧めする。

　ある会社で、こんな事例があった。自動車部品メーカーで小物部品を作っているが、とにかく大量に安く作ることが得意の会社である。これまで、国内の競合他社はそんなに安く作ることはできないという理由で、徐々に撤退していったという。そして、その会社だけが残り、海外への輸出品もいまだに国内で作っているという。ただ、今後、海外への供給が増えてくるので、グローバル供給体制を整えるために、海外工場も検討しなければならないとのこと。この会社の場合、どこよりも安く作れることが勝ちパターンになっており、今どき羨ましい会社である。

　国内でコンビニ最強となったセブン‐イレブンにも勝ちパターンがある。小売業特有の「ドミナント戦略」という作戦を採用し、特定地域に集中出店し、そのエリアのシェアを確保するというものである。競合がすでに出店している場合には、最初は、そこから離れた立地から出店していき、だんだんと近くに出していく。こうすることで競合他店を囲い込み、最終的に自社の店が勝てるようにしていったのである。

　ドミナント出店は、大きく分けて２つの効果がある。一つは売上増大効果である。一定エリアに他社よりも多くの店があると、客数の比は、店の数の比率よりも大きくなる。つまり、１店当たりで他店よりも客数が増えるのである。もう一つは、コスト低減効果。コンビニは通常１日に６回程度配送車が来る。近くにお店があれば配送効率が高まり、コストが下がる。この２つの効果により、セブン‐イレブンは他のコンビニよりも日販（日当たりの販売額）が多く、利益率も高いのである。

　勝ちパターンというのは、それが繰り返されるからパターンと呼ばれるのであり、かつ、それを重ねることにより、成長できたり、利益が増大す

るから、「勝ちパターン」と呼ばれる。勝ちパターンをもっている会社は、強い。いわば、強みが繰り返し生き、雪だるま式に増殖していくといった感じである。最小の経営資源で最大の効果が得られる。

　勝ちパターンは、企業としての勝ちパターンと事業としての勝ちパターンとがあり、両面から検討するとよい。また、勝ちパターンも時代とともに変化するため、「これまでの勝ちパターン」と「これからの勝ちパターン」として分けて整理するとよい。

勝ちパターンを共有する効果

　勝ちパターンを社内で共有する効果は３つある。一つは、ベクトルの共有である。戦略を遂行していく際に作戦が共有されていないと、社内の各部門が自部門の思惑でバラバラのことをする可能性がある。それをシンプルな勝ちパターンが共有されていると、向かっていく方向が共有できて、統制のとれない行動をするということが起きない。

　２つ目は、ブレないことである。新しいことを遂行しようとするときには、必ず試行錯誤がある。そうすると迷いが生まれる。これをやり続けて大丈夫なのだろうか？と。こうした迷いが生じると、ブレた活動に走る場合がある。しかし、戦略は、継続的に徹底してはじめて効果が出るので、途中でブレると、せっかく出るはずの効果も出なくなってしまう。ブレないようにするためにも、勝ちパターンの共有は重要である。

　３つ目は、スピードと効率性である。例えば、新しい地域にお店を出す際に、出店パターンが決まっていれば、現地についての必要な情報をスタッフが即座に入手し、実行計画書が作成できる。それを稟議提案すれば、決まった箇所の指標などをチェックするだけで意思決定できる。決定したら、すぐに着手し、最短時間で目標とする出店ターゲットに辿り着くことができる。

　これは私企業だけでなく、病院や財団法人などの公共性のあるサービスにも当てはまる。仮に勝ちパターンというよび名がしっくりこないのであれば、「成功パターン」とよんでもよいであろう。

47 Whyツリー

概要 　問題解決では、問題の真因を明らかにすることが大切だ。複雑な問題の場合、原因が複数あり、原因のさらに深い原因がある。これらを体系的に図示するのが **Why ツリー** である。

　Why ツリーは、左に問題点（結果）、右にその原因を置く。原因自体が結果であり、その右にさらに具体的な原因を配置する。問題解決では、もっとも右側の具体的な原因から真の原因を探し出し、対処する。

■■Whyツリー：レストランでの事例■■

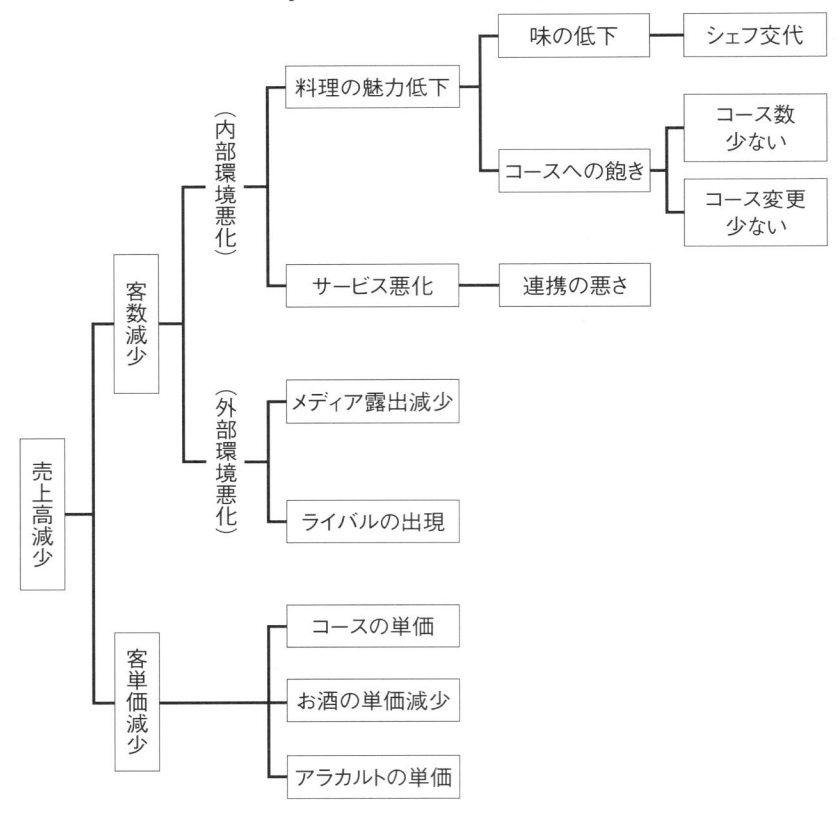

```
売上高減少
├─ 客数減少
│   ├─（内部環境悪化）
│   │   ├─ 料理の魅力低下
│   │   │   ├─ 味の低下 ─ シェフ交代
│   │   │   └─ コースへの飽き
│   │   │       ├─ コース数少ない
│   │   │       └─ コース変更少ない
│   │   └─ サービス悪化 ─ 連携の悪さ
│   └─（外部環境悪化）
│       ├─ メディア露出減少
│       └─ ライバルの出現
└─ 客単価減少
    ├─ コースの単価
    ├─ お酒の単価減少
    └─ アラカルトの単価
```

176

47 Why ツリー

活用のポイント

前頁の図の事例は、あるレストランで「売上高が減少」しているという問題の原因をWhyツリーで整理している。

問題に直面したら、原因を探る。原因と結果という事象間のつながりのことを因果関係という。AとBという2つの事象があるとき、「AがBの原因である」と特定するには、次の3つの条件を満たす必要がある。

①Aが変化すればBが変化する（相関性）
②AはBに時間的に先行して発生する（時間的先行性）
③Bの原因になるのはAだけで、他に有力な原因が存在しない（擬似相関の欠如）

この中で問題になるのは、①相関性である。「夏の気温」と「ビールの売れ行き」のように、変化の相関性が明らかであれば問題ないが、工場における「欠陥品の増加」と「イレギュラーな手作業」のように相関性が不確かな場合、2要因の統計を取って相関係数を計算することで、相関性の強さを確認できる。

問題解決では、解決策を実行した後で「もっと別の原因があった」と判明するようではいけない。Whyツリーの作成でまず重要なのは、ツリーの縦の関係で、主だった要因を漏れなく、ダブりなく（MECEという）列挙することである。事例では、「売上高減少」に対して「客数減少」と「客単価減少」をあげている。売上高＝客数×客単価なので、この2つの要因でMECEになっている。ツリーの各段階で、MECEかどうかを確認する（→「50．MECE」p.182参照）。

また、実際に対処できるのは、ツリーの右の方にある具体的な原因である。トヨタ用語で「なぜを5回繰り返せ」といわれるように、より具体的な原因を求めて右へ右へと展開することに留意する。事例では、「シェフ交代」「コース数少ない」といった一番右に並んでいる要因が、対処すべき原因である。

48 Howツリー

概要　問題解決において、解決策の選択肢がたくさんある場合、考えうる解決策を体系的に列挙する必要がある。このとき有効なのが **How ツリー**である。

　Howツリーは、課題に対して解決策を整理するツリーである。もっとも左に抽象水準の高い課題（目的）を配置し、右にその具体的な手段を展開していく。右にいくほど具体的な手段になる。問題解決では、一番右の具体的な手段の中から一定の基準で特定のものを採用する。

■■Howツリー：手狭になった事務所スペースの事例■■

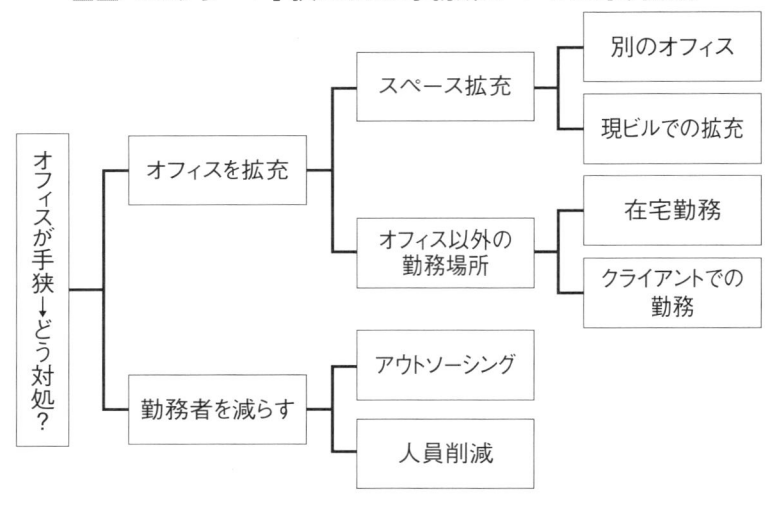

```
                      ┌─ スペース拡充 ──┬─ 別のオフィス
          ┌─ オフィスを拡充 ─┤              └─ 現ビルでの拡充
オフィスが │                 └─ オフィス以外の ─┬─ 在宅勤務
手狭→どう ─┤                    勤務場所        └─ クライアントでの勤務
対処？    │
          └─ 勤務者を減らす ─┬─ アウトソーシング
                             └─ 人員削減
```

活用のポイント　上図の事例は、ある専門商社において、事務所のスペースが手狭になったという問題に対し、どう対応するべきかを How ツリーで整理している。

　こうした状況に直面すると、どうしても「じゃあ、現在のビルを借り増しするか」と、問題点の逆を反射的に考えがちである。しかし、他にも色々

48 How ツリー

　な解決策があるのだから、いきなり決め打ちするのはよくない。まずは考えうる解決策をすべて列挙した上で、どの解決策がよいのかを比較検討するべきである。解決策を実行した後になって、「もっとよい策があったな」と気づくようでいけない。

　解決策の体系化に有効なのが、Howツリーである。Howツリーの作り方は、「左・目的」、「右・手段」という位置関係にするという以外は、Whyツリー（→「47．Whyツリー」p.176参照）とほぼ同じである。右への展開を具体化する、MECEを意識して体系化する、といった基本は変わらない（→「50．MECE」p.182参照）。

　ただし、実際にやってみると、MECEの状態を作り出すのは難しい。解決策を考えるとき、どうしても「良い・悪い」「好き・嫌い」「できる・できなさそう」といった判断が加わり、思考を妨げてしまうからである。どの解決策を実施するべきかを考えるのはHowツリーを作成し終わった後の話で、まずは判断を加えず、良いもの悪いもの、実現性の有無など関係なく、考えうる解決策を列挙するとよい。

　そのためにはまず、**ブレインストーミング**などによって、発散的にアイデア出しをするとよい。ブレインストーミングとは、集団によるアイデア発想法で、会議の参加各メンバーが自由奔放にアイデアを出し、互いの発想の異質さを利用して、連想を行うことによってさらに多数のアイデアを生み出そうという集団思考法・発想技法である。

　ブレインストーミングよってできた解決策を、MECEを意識して体系化していく。そして、判断基準を明らかにして、Howツリーの右側に並んだ解決策の中から、特定の解決策を選び、実行するのである。

第7章　分析と体系化の技法

49 デシジョンツリー

概要

デシジョンツリー（Decision Tree）とは、意思決定の選択肢を明らかにした上で、その意思決定から生じる結果を想定し、最終的にどのような意思決定が期待値を高めるかを分析する方法である。

我々は頭の中だけで判断しようとすると、複雑なケースは対応しきれない。それを紙に書き出し、かつ多段階にわたる意思決定と確率的な要素も加味した結果を算出することは、合理的な意思決定を行う上で有用である。

活用のポイント

デシジョンツリーは、以下の要素からなっている。すなわち、（1）意思決定ポイント、（2）生じた結果（これをペイオフ（成果＝利得の意）という）の確率とポイント、（3）主な意思決定ルートの金銭的評価、期待価値。

次頁の図の公開株を購入するか、しないかの意思決定ダイアグラム例で見ていくと、まず現在株価が1,000円であるとして、それを購入するか、しないかという意思決定がありうる。この四角（☐：意思決定ノードという）表示とそこから出る矢印が意思決定ポイントである。次に仮に購入したとして、それから株価が1,500円に上がる確率が80％、700円に下がる確率が20％あるとする。

それを図の丸印（○：確率ノードという）とそこから出る矢印で表示をし、これを生じた結果の確率とポイントとする。株を購入しない場合は、それ以降何も起こらないので、1,000円のままとなる。その後の意思決定が複数段階ある場合は、矢印の右に書き足していく。一通り考えられる意思決定とその結果を書き終えたら、多段階にわたる意思決定のルートを抽出し、その金銭的評価を行う。次頁の図の例では、株を購入した場合と購入しなかった場合の2つに分かれる。

購入した場合は、その期待価値は、ペイオフ1,500円×確率80％＝1,200円と、700円×20％＝140円の和である1,340円となる。

これに対して購入しなかった場合は、1,000 円のままなので、1,000 円× 100%＝ 1,000 円となる。このケースの場合は、購入した方が 340 円期待価値が高いので、購入した方がよいということになる。

この例はシンプルなケースなので複雑な計算を要しないが、意思決定が３段階、４段階と複雑になっていき、かつ、確率も色々なケースが考えられる場合、図のように整理して計算を行わないと、とても合理的な判断が行えなくなる。

■■デシジョンツリー：株購入の事例■■

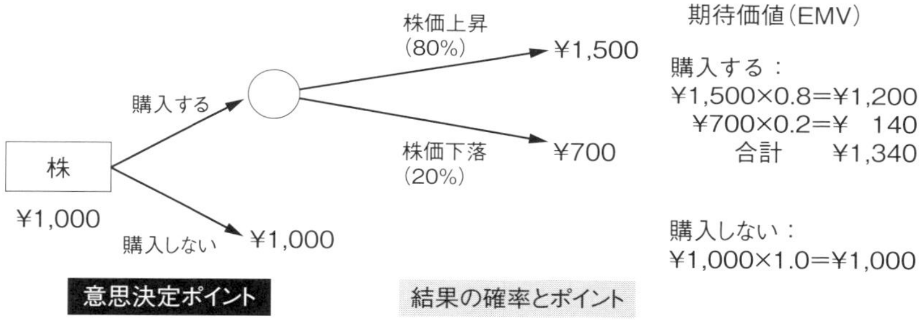
株
¥1,000
購入する
購入しない
¥1,000
株価上昇
(80%)
¥1,500
株価下落
(20%)
¥700
期待価値(EMV)
購入する：
¥1,500×0.8=¥1,200
¥700×0.2=¥ 140
合計 ¥1,340
購入しない：
¥1,000×1.0=¥1,000
意思決定ポイント
結果の確率とポイント

ただし、見ていただくとわかるように、この期待価値計算は、確率予測とその結果予測に大きく依存しており、確率予測が曖昧であったり恣意的であったりすると実際の結果と大きく異なることになるので信頼性が低下する。また、結果予測についても想定されるケースがはっきりしていればよいが、情報が少ない中での憶測に基づいてということになると、いくら合理的な手段を使っても、意思決定が合理的なものでなくなってしまう。

このため、意思決定の選択肢や意思決定の結果と確率推定に必要な情報を可能な限り集め、その上でデシジョンツリーを作成し、評価を行うようにしたい。また、実務的な方法としては、情報が少ない段階でも一旦仮のデシジョンツリーを作成し、より精度の高い意思決定を行うために、どのような情報を、どのような手段で、いつまでに入手する必要があるかを明らかにし、実際の情報探索・入手を行い、デシジョンツリーの精度を高めるという運用方法がある。

50 MECE

概要

MECE（ミーシーと読む）は、論理的思考でよく使われる概念の一つで、英語のMutually Exclusive, Collectively Exhaustiveの頭文字を取った言葉で、「相互に排他的で、集合的に網羅的」という意味である。略すと「漏れなく、ダブリなく」となる。

顧客やエリア、製品群、人材、課題など、集合的に扱われるものを、抜け漏れやダブリがないように分類する際に使われる。例えば、顧客を一般エンドユーザーと企業顧客に分けたり、所得階層で分けたり、購入履歴のあるなしで分けたりする際に、MECEになっているかどうかが問われる。

MECEを考える際に重要なポイントは2つある。一つは、意味のある切り口になっているかどうかである。例えば、顧客が自動車の運転免許証をもっているかいないかは自動車販売には重要であるが、住宅の販売には必ずしも重要な切り口ではない。住宅販売では、1次取得か2次取得か、あるいは直近の所得額などの方が切り口として重要である。

もう一つ重要なポイントは、その切り口によって漏れなくダブリなく分けられるかということである。子供、大人、老人のような分け方は一見MECEのように思われるが、子供と大人の境はどこなのか、赤ちゃんはこの分類に入るのかそれとも入らないのか、老人とは何歳からなのかなど、厳密にいうと議論を醸しやすい。年齢で分けるのであれば、0歳〜19歳、20歳〜69歳、70歳以上などのように、抜け漏れやダブリがないような分け方にする必要がある。

以上2つのポイントは簡単なことのように思えるが、学校教育で論理のトレーニングを受けていない日本人にとっては、意外に手こずるものである。

50 MECE

**活用の
ポイント**

　例えば、ダイエット食品のターゲット顧客を考える際の切り口の視点を例に考えてみよう。まず「やせたい」という大きなニーズをベースにとらえる。そして、なぜ痩せたいかを、医学的に不健康（肥満が原因など）だから痩せたいのか、それとも医学的に健康であるにもかかわらずやせたいのかに分ける。さらに不健康な人を、肥満が原因、肥満に気付くきっかけのあるなし、男性か女性かなどで分けていくと下図の下半分の MECE ツリーができる。この中で、男性の場合は、40 代以上の中年会社員は、健康診断などで医師からダイエットを勧められることから、ダイエット食品のターゲットになりうると推定できる。また、医学的に健康なカテゴリーの中では、仕事上必要に迫られるモデルや、10 代～ 20 代の女性は半数以上が「ダイエットしたい」と感じていることから、ターゲットになりやすいと想定できる。

　このように MECE を使うと、ターゲットとするセグメントがきちんと切り分けられているかどうか、セグメントに抜け漏れがないかを一目で見分けることができる。

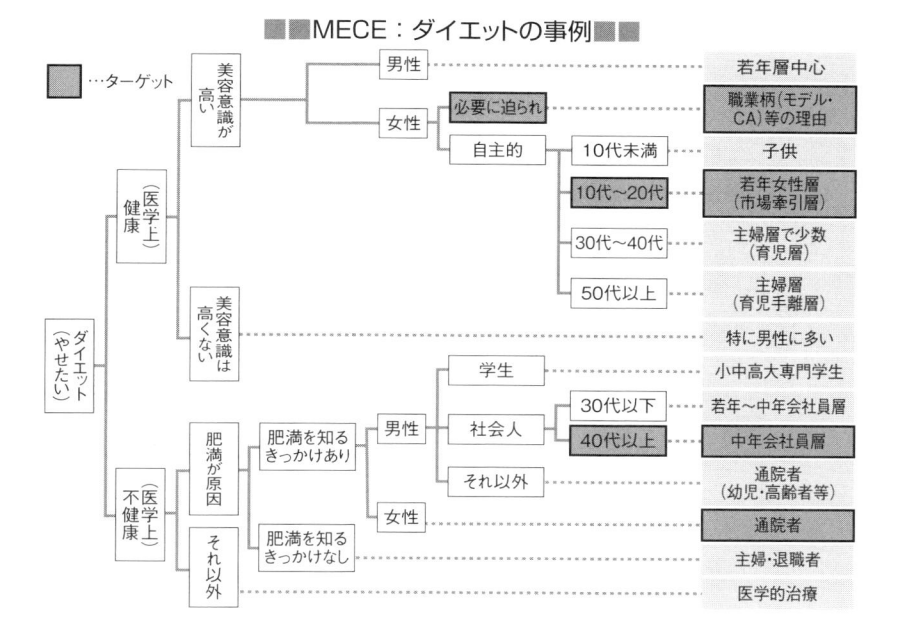

■■■MECE：ダイエットの事例■■■

```
…ターゲット

ダイエット      健康         美容意識が   男性 ────────────── 若年層中心
（やせたい）   （医学上）      高い       女性  必要に迫られ ── 職業柄（モデル・
                                                            CA）等の理由
                                         自主的  10代未満 ── 子供
                                                 10代～20代 ── 若年女性層
                                                            （市場牽引層）
                                                 30代～40代 ── 主婦層で少数
                                                            （育児層）
                                                 50代以上 ── 主婦層
                                                            （育児手離層）
                         美容意識は       ─────────────── 特に男性に多い
                          高くない

              不健康      肥満が原因   肥満を知る   男性 学生 ── 小中高大専門学生
             （医学上）               きっかけあり        社会人  30代以下 ── 若年～中年会社員層
                                                          40代以上 ── 中年会社員層
                                                          それ以外
                                                   女性 ────────── 通院者
                                  肥満を知る                    （幼児・高齢者等）
                                   きっかけなし ────────────── 通院者
                                                           主婦・退職者
                       それ以外 ──────────────────────── 医学的治療
```

第 **7** 章　分析と体系化の技法

参考文献

- 相葉宏二『MBA経営戦略』(ダイヤモンド社、1999)
- 相葉宏二『日本企業変革の手法』(プレジデント社、1995)
- H. I. アンゾフ／広田寿亮訳『企業戦略論』(産業能率大学出版部、1965)
- 井口嘉則『ゼロからわかる事業計画書の作り方』(日本能率協会マネジメントセンター、2009)
- 井口嘉則・稲垣淳一郎『中期経営計画の立て方・使い方』(かんき出版、2008)
- 井口嘉則・三浦克人『グループ連結経営戦略テキスト』(日本能率協会マネジメントセンター、1999)
- 石井淳蔵・奥村昭博・加護野忠男・野中郁次郎『経営戦略論（新版）』(有斐閣、1996)
- 伊丹敬之『新・経営戦略の論理』(日本経済新聞社、1984)
- 井原久光『テキスト経営学（第3版）』(ミネルヴァ書房、2008)
- 井原久光『ケースで学ぶマーケティング』(ミネルヴァ書房、2001)
- D. F. エーベル／石井淳蔵訳『事業の定義』(千倉書房、1984)
- 大前研一『日本企業生き残り戦略』(プレジデント社、1987)
- W. チャン・キム、レネ・モボルニュ／有賀裕子訳『ブルー・オーシャン戦略』(ランダムハウス講談社、2005)
- R. S. キャプラン、デビッド・P. ノートン／吉川武男訳『バランス・スコアカード―新しい経営指標による企業変革』(生産性出版、1997)
- T. S. クーン／中山茂訳『科学革命の構造』(みすず書房、1971)
- C. M. クリステンセン／伊豆原弓訳『イノベーションのジレンマ』(翔泳社、2001)
- グロービス・マネジメント・インスティテュート『新版 MBAマーケティング』(ダイヤモンド社、2005)
- 國領二郎『オープン・ソリューション社会の構想』(日本経済新聞社、2004)
- P. コトラー／小坂恕・疋田聡・三村優美子訳『マーケティング・マネジメント 第4版』(プレジデント社、1983)
- P. コトラー、K. L. ケラー／恩藏直人監訳・月谷真紀訳『コトラー＆ケラーのマーケティング・マネジメント 第12版』(ピアソン・エデュケーション、2008)
- D. J. コリス、C. A. モンゴメリー／根来龍之・蛭田啓・久保亮一訳『資源ベースの経営戦略論』(東洋経済新報社、2004)
- 齋藤嘉則『問題解決プロフェッショナル「思考と技術」(新版)』(ダイヤモンド社、2010)

- 中山 茂『パラダイム再考』(ミネルヴァ書房、1984)
- B. J. ネイルバフ、A. M. ブランデンバーガー／嶋津裕一・東田啓作訳『コーペティション経営』(日本経済新聞社、1997)
- 野中郁次郎・竹内弘高『知識創造企業』(東洋経済新報社、1996)
- J. B. バーニー／岡田正大訳『企業戦略論 上・中・下』(ダイヤモンド社、2003)
- G. ハメル、C. K. プラハラード／一条和生訳『コア・コンピタンス経営』(日本経済新聞社、2001)
- 日沖 健『実戦ロジカルシンキング』(産業能率大学出版部、2008)
- 日沖 健『成功する新規事業戦略』(産業能率大学出版部、2006)
- 日沖 健『戦略的事業撤退の実務』(中央経済社、2010)
- 藤本隆宏『能力構築競争』(中央公論新社、2003)
- R. R. ブレーク、A. A. マッケーンス／田中敏夫・小見山澄子訳『全改訂・期待される管理者像』(産業能率大学出版部、1992)
- R. R. ブレーク、J. S. ムートン／田中敏夫・小見山澄子訳『新・期待される管理者像』(産業能率大学出版部、1984)
- M. E. ポーター／土岐 坤・中辻萬治・服部照夫訳『競争の戦略』(ダイヤモンド社、1982)
- M. E. ポーター／土岐 坤・中辻萬治・小野寺武夫訳『競争優位の戦略』(ダイヤモンド社、1985)
- H. ミンツバーグ、B. W. アルストランド、J. ランペル／齋藤嘉則監訳・木村 充・奥澤朋美・山口あけも訳『戦略サファリ：戦略マネジメント・ガイドブック』(東洋経済新報社、1999)
- B. ミント／山崎康司訳『考える技術・書く技術—問題解決力を伸ばすピラミッド原則』(ダイヤモンド社、1999)
- W. レーザー／片岡一郎監訳・村田昭治・嶋口充輝訳『現代のマーケティング1』(丸善、1974)
- T. レビット／有賀裕子、DIAMONDハーバード・ビジネス・レビュー編集部訳『T. レビットマーケティング論』(ダイヤモンド社、2007)
- E. M. ロジャーズ／青池愼一・宇野善康監訳・浜田とも子他訳『イノベーション普及学』(産業能率大学出版部、1990)
- P. J. Robinson and B. Stidsen, Personal Selling in a Modern Perspective, 1967
- Kenneth Thomas, 'Conflict and Conflict Management'

さくいん

A～Z

AIDDA………139
AIDMA………138
AISAS………139
EPRGモデル………81
Howツリー………178
KPI………166
LCC………31
M&A………72
MBWA………163
MECE………177・179・182
MECEツリー………183
PEST………10
PEST分析………20
PLC………76
PMI………75
PPM………68
QCD………114
RBV………7・152
S字曲線………69
SECIモデル………154
STP………94
SWOT………6
SWOT分析………170
TOWSマトリックス………172
VRIO………150
Whyツリー………176

あ行

アーキテクチャ………38
アウトソーシング………107・109
アクションマトリックス………98
アドバンテージ・マトリックス………36
暗黙知………154
意思決定ノード………180
意思決定ポイント………180
イノベーションのジレンマ………46
イノベーター理論………122
インターネット………103
インテグラル（擦り合わせ）型………38
上澄み吸収価格………132
エレメント分析………160

か行

外部環境の魅力重視………6
開放的チャネル………140
学習と成長の視点………164
拡張製品………128
確率ノード………180
価値曲線………99
勝ちパターン………174
金の成る木………68
管理シナジー………146

機会………170
企業戦略………4
技術的環境要因………20・22
期待価値………180
期待製品………128
機能的定義………54
規模型事業………36
規模の経済性………72
基本製品………128
脅威………170
競合企業………110
競合分析………24
競争志向………130
競争戦略………2
経営機能移転モデル………82
経営資源配分戦略………69
経験曲線………69
経験曲線効果………112
経済的環境要因………20・21
形式知………154
原価志向………130
現状延長型………14
コアコンピタンス………147
後進統合………107
行動的基準………95
顧客の視点………164
コストリーダーシップ………90
コスト・リーダーシップ戦略………86
コミュニケーション・ミックス
　　　　　　………120
コングロマリット型多角化………66

コンフリクト………162

さ行

サービス………126
財貨………126
財務的視点………164
差別化………91
差別化戦略………86
3次元モデル………58
事業戦略………4
資質論………159
自社分析………25
市場開発戦略………62
市場・顧客分析………24
市場浸透価格………132
市場浸透戦略………62
市場ライフサイクル………30
シナジー………66・146
指名買い………136
社会・文化的環境要因………20・22
社内ビジネスプロセスの視点
　　　　　　………164
重層的製品ライフサイクル………76
集中型多角化………66
集中戦略………86・91
需要志向………130
需要の価格弾力性………132
需要の3要素………114
状況論（コンティンジェンシー理論）
　　　　　　………160
生じた結果の確率とポイント………180

消費財………126
商品………126
人口統計的基準………95
心理的基準………95
衰退期………29
垂直型多角化………66
スイッチングコスト………113
水平型多角化………66
スタック・イン・ザ・ミドル………87
スマイルカーブ………109
生産財………126
生産シナジー………146
生産の4要素………115
政治的環境要因………20
成熟期………29
成長期………28
成長戦略………2
成長マトリックス………62
成長ベクトル………62
製品開発戦略………62
製品特性………134
製品ライフサイクル………28
先行優位性………8・112
潜在製品………128
前進統合………107
専属的（排他的）チャネル………140
選択的チャネル………140
戦略キャンバス………98
戦略マップ………165
創発型戦略………11
組織能力重視………6

組織パラダイム………44

[た行]

ダイナミック・シナジー………149
多角化戦略………62
多角化の成長ベクトル………66
中核製品………128
中核ベネフィット………128
地理的基準………95
強み………170
デシジョンツリー………180
ディストリビューション・ミックス
………120
手詰まり型事業………37
撤退障壁………76
デファクトスタンダード………8・111
デューデリジェンス………75
投資シナジー………146
同質化………90
統制可能要素………119
統制不可能要素………119
導入期………28
特化型事業………36
ドミナント戦略………174
取引総数量最小化の原理………142

[な・は行]

7S………50
ネットワークの外部性………112
パーセプションマップ………95
発展段階理論………80

花形………68
パラダイム………42
バランススコアカード………164
バリュー・チェーン………67・106
販売シナジー………146
ビジネスモデル………102
ビジネスモデル革新………104
ビジョン先行型………14
ヒト・モノ・カネ・情報………13
評価指標………166
ファイブフォース分析………32
ファッション………31
不確実性プールの原理………142
プッシュ戦略………135
物理的定義………54
負のシナジー………146
ブランド………113
ブルー・オーシャン戦略………98
プル戦略………135・136
ブレインストーミング………179
プロダクトサイクル論………80
プロダクト・ミックス………120
プロモーション………134
プロモーション・ミックス
　　　　　………120・134
分散型事業………37
補完的生産者………110
ポジショニング学派………7
ポジショニングマップ………94

(ま行)

マーケット・チャレンジャー………91
マーケット・ニッチャー………91
マーケット・フォロワー………92
マーケット・リーダー………90
マーケティング近視眼………55
マーケティング手段………118
マーケティング・ミックス………118
マクロ環境………10
負け犬………68
マッカーシーの4P………118
マネジリアル・グリッド………158
ミーシー（MECE）………182
ミクロ環境………10
メディア・ミックス………120
モジュラー(組み合わせ)型………38
持ち株会社………72
問題児………68

(や・ら行)

4つのアクション………98
弱み………170
4M………115
リエンジニアリング………107
類型論（行動論）………159
流通チャネル………140
レーザーの3つのミックス………120
レッド・オーシャン………98

著者紹介 (50音順)

■井口嘉則（いぐち　よしのり）
オフィス井口 代表、株式会社ユニバーサル・ワイ・ネット 代表取締役。
東京大学文学部社会学科卒業、シカゴ大学ＭＢＡ、立教大学兼任講師（英語でのＭＢＡ講座担当）。
【著書】
『中期経営計画の立て方・使い方』（共著）、『こうして会社は良くなった』、『株式公開の手順と実務』（共著）（以上、かんき出版）、『ゼロからわかる事業計画書の作り方』、『グループ連結経営 戦略テキスト』（共著）、『できる・使える事業計画書の書き方』（共著）（以上、日本能率協会マネジメントセンター）など。

■井原久光（いはら　ひさみつ）
東洋学園大学および大学院教授。慶應義塾大学および日本大学非常勤講師。
慶應義塾大学および早稲田大学卒業、インディアナ大学ビジネススクール修了ＭＢＡ。中央大学大学院後期博士課程修了（博士）。
【著書】
『テキスト経営学（第３版）』、『ケースで学ぶマーケティング』（以上、ミネルヴァ書房）、『現代の経営課題』（共著）（八千代出版）、『経営学のフロンティア』（共著）（学文社）など。

■日沖　健（ひおき　たけし）
日沖コンサルティング事務所 代表、産業能率大学 講師（総合研究所＆マネジメント大学院）。
慶應義塾大学卒、Arthur D. Little School of Management 修了 MBA with Distinction.
【著書】
『戦略的事業撤退の実務』（中央経済社）、『歴史でわかるリーダーの器』、『問題解決の技術』、『成功する新規事業戦略』、『実戦ロジカルシンキング』（以上、産業能率大学出版部）など。

経営戦略のフレームワークがわかる
―現場ですぐに使える50のフレームワーク―　　　　　　　〈検印廃止〉

著　者	井口嘉則・井原久光・日沖　健	2011.Printed in Japan.
発行者	飯島聡也	
発行所	産業能率大学出版部	
	東京都世田谷区等々力 6-39-15　〒158-8630	
	（電話）03（6432）2536	
	（FAX）03（6432）2537	
	（振替口座）00100-2-112912	

2011年7月24日　初版1刷発行
2018年6月20日　　　3刷発行

印刷所・製本所／日経印刷
（落丁・乱丁はお取り替えいたします）　　　　　ISBN 978-4-382-05653-4
無断転載禁止